HOW TO BE AN OUTSTANDING TRAINEE TEACHER

从实习教师到优秀教师

The Complete Guide

[英] 麦克・格尔森 Mike Gershon　著
窦钰婷　刘白玉　译

中国青年出版社
CHINA YOUTH PRESS
中青文传媒

图书在版编目（CIP）数据

从实习教师到优秀教师 /（英）麦克·格尔森著；窦钰婷，刘白玉译.
—北京：中国青年出版社，2020.1
书名原文：How to be an Outstanding Trainee Teacher: The Complete Guide
ISBN 978-7-5153-5867-3
Ⅰ.①从… Ⅱ.①麦… ②窦… ③刘… Ⅲ.①优秀教师—师资培养 Ⅳ.①G451.2
中国版本图书馆CIP数据核字（2019）第245576号

从实习教师到优秀教师

作　　者：[英] 麦克·格尔森
译　　者：窦钰婷　刘白玉
责任编辑：肖妩嫔　肖颖慧
文字编辑：杨文文
美术编辑：张　艳
出　　版：中国青年出版社
发　　行：北京中青文文化传媒有限公司
电　　话：010-65511270/65516873
公司网址：www.cyb.com.cn
购书网址：zqwts.tmall.com
印　　刷：大厂回族自治县益利印刷有限公司
版　　次：2020年1月第1版
印　　次：2020年1月第1次印刷
开　　本：787×1092　1/16
字　　数：150千字
印　　张：13
京权图字：01-2018-8304
书　　号：ISBN 978-7-5153-5867-3
定　　价：39.90元

致谢语

ACKNOWLEDGEMENTS

我必须感谢多年以来为我提供帮助的所有同事和学生，尤其感谢在教育学院、中央基础女校、诺尔山高中进行培训工作时，以及在皮姆利科学院、国王爱德华六世学校工作时得到的帮助。

目 录

CONTENTS

导 言
INTRODUCTION

大家好，感谢阅读《从实习教师到优秀教师》这本书，本书将帮助你成为一名优秀的教师，并且迅速提升你的职业水平。本书可操作性强，能够激发读者思考，帮助你在教学中取得巨大的进步。

教学是一项了不起的工作，富有意义，充满趣味。同时，教学也充满挑战，它困难重重，但是一旦掌握其中的诀窍又令人心满意足。毕竟，我们都知道，人一生可以轻松驾驭的事情微乎其微。如果你选择教学，那就意味着你要面对并迎接这个挑战！

教师有很多事情要做，他们要应对学生的需求、课程的要求，以及每一节课可能出现的不确定性（孩子和青少年都有点不可预测）。完美地处理这些问题并非易事，但也充满乐趣。

记得几年前开始自我培训时，我的感受是兴奋、期待和轻微的恐惧交织在一起，想起刚开始的那几个月，我总是站在自己的对立面来审视每一个教学环节，这与我以前的做法完全不同。

关于我的事情就说这些吧！这本书是写给读者你的，它将帮助你提升教学水平，实现职业发展，成就美好未来。

我祝愿你成为一名出色的教师，在培训中表现出色，并且在结束这一年的培训生涯时，能够成为一名出色的教师。在课堂上，在任何情况下，总能激发学生的求知欲望，高质量地完成教学任务。

那么你应该怎么做呢？我虽然不能时刻陪伴你，观察你的课，给你反馈，但是这本循序渐进的书却可以帮助、指导和提高你在培训过程中所做的每一件事，无论是教育学研究生证书（PGCE）的培训，还是校级或者其他类别的培训。

我的目标是将所有教学智慧（自己的和别人的）融入本书，书中每一章都将帮助你批判性地思考教学内容，反思自己的想法和做法，以便在课堂实践中取得成功。

我并不打算将优质教学的每一个细节写进书中，因为内容太多了。相反，我将有选择地给你建议、想法和指导，使其适合你所处的阶段，助你出色地完成培训，从而在今后的教学中，可以完美地写出授课计划，迅速地建立融洽的师生关系，有效地管理课堂，最重要的是，能够激励和启迪学生。

本书前后章节在逻辑上是连贯的，每一章都是以上一章为基础，然而，如何使用它取决于你自己，当然，也不妨直接阅读你最感兴趣的章节。

每一章的最后都设计了一系列的反思性问题和活动，以便你思考自己的教学实践，反思以前的教学经验，以及它们可能带来的一些假设和想法。

使用本书的方法如下：你可以在开始培训前把它通读一遍，在接受培训课程时再读一遍，这有助于你理解如何成为一名优秀的实习教师，同时也有助于你把本书内容与你的课堂实践联系起来。

每一章的教学方法都很实用，你可以在此基础上进一步探索，也可以直接使用。我们从事的是实践性工作，要学会弥补理论/证据/研究和实际教学之间的差距，这一理念是贯穿我所有教学、学习和教育工作的作品之中的。

本书的主要内容如下：

第一章和第二章分别分析了教学和学习，旨在深入理解这两个概念，引发理性思考。在这两个章节中，你会看到对于“什么是教学”“什么是学习”这两个问题的多种不同见解，这将拓宽和加深你对这两个问题的理解，同时也鼓励你反思和分析自己对教学的理解。

第三章和第四章讨论了作为一名教师的真正含义，以及如何理解我们的合作者——学生。这两章是以前两章为基础的，它们清楚地揭示了如何成为一名优秀的实习教师，并解释了如果想要搞好教学，了解所教的学生至关重要。

第五、六和第七章探讨了教师授课的具体内容——课程。在此，我们将探究你可以采用的各种不同教学方法及其实际效果，以及为确保教学效果良好，你需要使用的教学工具和技术。

第八章主要讨论你在培训期间以及从教之后的学习过程，这里我们关注的是如何能够从所犯的错误、所做的观察和所得到的建议中受益最大。总之，本章将帮助你掌握培训内容，取得更大的进步。

第九章和第十章主要介绍优秀教师所具备的基本特质，以及你所需要培养的特质。第九章着眼于课堂上的交流，分析教师如何提问、如何解释以及如何管理课堂。这一章主要讲述为确保课堂中有效的沟通，教师能做些什么，因为这有助于学生提高学习成绩。第十章通过观察学生所取得的进步，进一步思考优秀教师如何确保每位学生（无论他们的基础如何）都可以取得巨大的进步。

就这样！本书将一步一步地指导你成为一名优秀的实习教师，它向你提供了优质教学和高效学习中所需要的一切内容。

最后祝你好运！我相信在培训期间，你会表现优异，进而成为一名擅长激发学生积极性的优秀教师，阅读本书也恰好证明你想成为一名优秀教师。请将以下想法和策略，应用到你的教学中，反思教学效果，并根据需要进行调整和修正。毫无疑问，你很快就会成为任何一所学校都不可或缺的一员，无论你是一名实习教师，还是业内资深教师。

第一章

CHAPTER ONE

多角度定义
什么是教学

同其他有趣的故事一样，本章故事的主角是你，你的培训经历，你的职业生涯，也许这是你未来生活的重要组成部分。然而，不管你花多少时间来学习如何教学，它仍然是一个成长与发展、改变与进步的故事。

我们从一个简单的问题开始。我知道根据你自己的教学理念、教学经验和学习经历，你已经有了答案。

在此我想介绍关于“什么是教学”这一问题的多种答案。我的目的并非是要立起一块牌子，上面写着“这就是教学，不要再说了”。

相反，我想通过一系列不同的答案来回答这个问题，这样会更加全面。

首先，教学由许多方面组成，哪些方面重要或不太重要取决于你在哪里工作，以及你如何看待这个职业。

其次，在许多方面，教学是一项极其个人化的工作。除了教学涉及的如何传播知识和促进学习等核心的、无可争辩的原则之外，还有许多不同的途径来回答到底“什么是教学”这个问题。现在让我们一起去了解一下吧。

▪ 关于“什么是教学”的常见回答

通常，我们都认为教学涉及学习方法、知识和理解，前者是通过后者的发展而构建起来的。教师的角色是帮助学生学会学习，借此他们能够拓宽知识面，加深理解。

这个过程已存在数千年，可以说，人类文明也是由此发展而来。

然而，在21世纪，教学既有普通含义又有官方含义，所谓官方含义是因为世界上大部分的教学都是由政府决定的。即在大多数国家，教育被视为一种普惠行为，在国家的赞助下免费提供给公民。当然，也有许多正规教育不在上述范围之内，但即便如此，私立学校或不受政府控制、由慈善机构资助的学校，仍然在一定程度上受政府管理。

我们可以用另一种方式来解释。教学作为一种职业，受到高度重视，并拥有自己的知识体系，包括从事这一职业的基本素养以及如何才能熟练的教学。

通常答案包含以下两个方面：

首先，教学是一种与文化传播密切相关的古老传统，它所传递的知识包含了文化的一部分或全部。

其次，教学是一个现代职业，与提供和控制教学手段的组织和个人密不可分。

教学既是人类渴望交流并传递信息和技能而产生的一种熟悉的活动，也是一种不太熟悉的活动（对那些门外汉或者教学新手而言），为了个人和更广泛的社会群体的利益而确定将这一过程正式化。

我们可以这样理解，每位教师都有着丰富的教学经验和学识，但就学生情况而言，却不能简单归为这类或那类，而是要兼顾多种情况。

因此，教学培训在很大程度上涉及我们对教学和学习已有的种种假设的批判性反思。如果不这样做，就有可能忽视这一事实，那就是我们以前的教学和学习经验可能并非是最佳的。

一个简单的例子将说明这一点。

研究表明，如果想使学生取得进步，反馈比分数更有效。反馈意味着告诉学生他们哪些方面做得好，哪些方面还需要提高。

这样说来，问题就明显易懂了。

然而，如果我们自己在教学和学习过程中只被给予分数却没有反馈的话，除非我们直接反思这种做法是否正确，否则我们就不会意识到这种做法存在问题。

正如稍后书中提到的，某些有效教学的方法与公认的智慧和过去的经验背道而驰。如何运用它们，在一定程度上取决于我们如何批判性地看待目前我们对教学的理解。

■ 教学就是沟通

我给你的建议是：**教学就是沟通。**

你的观点是什么？你同意我的看法吗？为什么？

对这一观点最明确的批评是它太笼统了，在科研分析方面并无多大用处，而且是一种陈词滥调，老生常谈。但是，从沟通的角度来看待教学意味着什么呢？

首先，我们需要更精确地定义这个术语。

我所说的沟通是指老师和学生之间的互动，以及学生之间的互动，这些互动包括听、说、读、写，以及非语言交流，肢体语言之外的视觉交流（如图表）和能被理解的种种话语（如文学隐喻、潜台词）。

这种描述增加了该观点的实用性。现在我们要思考教学是如何基于沟通展开的，它形式多样，有时发生在课堂上，有时也发生在课堂外（例如，老师在办公室里批改学生作业——这种沟通发生时，学生并不在教师身边）。

由此可见，如果我们可以接受这一观点，那么教学质量将直接与师生之间或不同学生之间的沟通质量密切相关。

那么沟通质量是什么意思呢？

我们可以将这一宽泛的概念具体化。沟通质量包括如下内容：教师传达信息的方式，所问问题的类型，教师给予学生的反馈是中肯还是严厉，他们与学生说话的方式，他们通过肢体语言所表达（或未能表达）出的权威性、开放性、对学生的支持与热情以及专业精神，学生之间的对话是否与学习相关（这也是至关重要的），以及教师在每次与学生个人、群体或全班互动时，所流露出或含蓄或清晰的期望。

现在，这个概念开始呈现出一种更微妙、更深层的含义：教学就是沟通，沟通包括上述种种互动，虽然这些互动的质量不尽相同，但在所有情况下，我们都希望有更高质量的互动。

以这种方式思考教学，有助于我们密切关注我们的沟通方式和沟通内容，以及学生们的沟通方式和沟通内容。

它促使我们思考教师和学生之间所传递信息的内容，以及教学过程中，搭档、小组或整个班级之间所传递信息的内容。

然后我们还应该考虑如何确保我们传达的信息——书面的、言语的或视觉的——与我们的教学目的相吻合，我们如何利用这些信息提高教学质量（例如，通过提出更为准确的问题或改进我们的授课内容以满足学生的需要）。

■ 教学的关键所在：你和学生

有些人会说，我们现在已经说到了教学的关键所在：你和学生之间的关系。

这方面的工作与我们之前提出的观点非常吻合——教学是一种有着悠久历史的人类行为。这种行为使得知识一代代地传递下去，从而增加了人类生存的机会。

当然，根据现代社会的劳动分工，正规教育通常由教学专家来完成，这样家庭成员可以自由地从事其他工作，而且的确，儿童和青少年在正规教育中比其他情况下学到的知识更多，受到的教育也更好。

这意味着，与上面提及的家庭关系不同，作为教学专业人士，我们对所教的学生在见面之前并没有建立起任何情感关系。

因此结果很简单，教学就是与学生建立并保持良好的关系，这样做有助于弥补师生情感关系的缺失，从而使我们能够像他们的父母和亲属一样与之建立亲密关系。

通常，与学生建立亲密关系对我们也有益。我们所处的文化重视教育，并相信尊重他人，特别是那些有明显可能帮助我们的权威人士，因此在我们的文化中，学生总是对老师尊敬有加。

然而，情况并非总是如此顺利，而且，我们可能还会注意到，即使开始顺利，我们仍然必须努力发展和维持亲密的师生关系。

你可能还记得自己读书的时候，代课老师经常因为所教学生的种种状况而焦头烂额，这通常是因为他们之间没有建立情感关系。

他们为什么会遇到这种情况呢？当教师生病或休假时，他们的工作就是在短时间内代替这些教师上课。他们没有机会了解这些学生，也没有机会与之建立融洽的关系。很可能这是他们第一次看到这些学生，甚至连学生的名字都还无法记全。

把这种情况与另一种情况进行比较，你在学校、学院或大学的老师与你有着良好的关系，他们知道你的名字，对你有所了解，知道你在哪里工作，知道你需要在哪方面提高。重要的是，你也知道他们能教会你什么，这种可预测性让你更加享受他们的课程，更期待他们的教学，更愿意完成学习任务。

从这个角度来看，教学是由师生建立的积极关系所驱动的。如果没有建立这种关系，完成教学任务对师生来说都将是极其困难的。

■ 程序性地设计课程

这通常都需要干些什么呢？

我们在上文已经给出了答案，然而，它（帮助学生学习知识和提高理解力，进而学会学习）如何在实践中发挥作用还有待观察。

在课堂之外，教学可以被看作既是单一的又是多元的。所谓单一是因为所有教学都基于相同的基础，所谓多元是因为它可以采取多种形式，例如，父母教孩子如何系鞋带，或者一位经理在跟他的年轻下级谈话时，对其工作做出评价，这都属于课堂外的教学。

在课堂上，虽然每位教师授课内容、讲解风格和表达方式都不尽相同，但教学在形式上变得更加同质化。大多数专业教师都是按照课程授课。

出现这种情况有以下几个原因：学校的行政管理决定了教学内容

和时间要相对固定，我们长期的教学传统使然，课程中每一个学习单元的内容都有连续性。

每门课程都有始有终，它们分别对应着某一个独立的时间段，在这段时间里教师和学生都会专注于一个共同的学习目标，以便所有参与学习的人受益（至少，在理想状况中是这样的）。

这一学习目标是由教师确定的，通常参考学校或中央政府提供的更广泛的课程目标。（在这里我们再次看到，教学是教师与学生之间的互动，也是一种官方知情的实践活动。）

所有这些都意味着教学就是设计课程。课程是专门为某一特定年龄的儿童所设计的，与特定的科目有关。课程的灵活性取决于孩子的年龄和相关州或机构的教学习惯，教师的作用是教授学生课程。教师通过设计课程来进行教学。这些课程是师生之间交流的基础，也是教学的基础。

正如所见，课程的风格、授课方式和课程内容大相径庭，但它们在教学过程中所起的作用却几乎没有变化。课程是教学发生的空间，是学习的形式，它是一个容器，我们将教学内容、思想、概念、教学过程、技能等倾注其中。

因此，设计课程是任何一位新教师都需要培养的最重要的教学技能之一，我们会在随后的章节探讨这个问题。

现在，请你思考几个问题，一个是与你过去的学习经历相关的具体问题，另一个是更具有思考性的问题……

回顾你自己的求学经历，学校的教学安排在多大程度上影响了你的学习？如果不存在课程的话，那么教学和学习还能以何种方式存在？

■ 尝试性促进学生学习取得进步

学习的过程依托于课程，它们由教师设计并进行讲授，它们的目的到底是什么？

这个问题可能有不同的答案，但是，人们普遍同意如下观点：

设计和教授课程的目的是帮助学生尽可能多地学习知识，从而取得进步，即他们比以前掌握的知识更多，能够做得更好。优秀的教师会最大限度地促进学生的进步——他们帮助所有学生竭尽所能地学习。教学与进步息息相关，这里指的是学生在课堂上可以取得的进步。

毫无疑问，有无数种方法可以促进学生学习取得进步。哪些方法更好一些或者更糟一些，这一点尚有争议。当然，研究证据（稍后，我们还会更详细地讨论）表明具体的课堂策略和技巧有益于教学。

然而，教学是一门艺术，而非一门科学，这就意味着，目前还不存在已被证明的、不可改变的确定的教学方法，而且也不太可能存在。

说到这里，我们并没有陷入绝对的“相对主义”之中。有些教法优于其他教法，这一点是显而易见的。这是因为它们已经获得了证据上的或者合理推理的支持，或者是因为在逻辑上它们可以从某些前提中推导出来。

由于教学的实践性，以及教学内在的不确定性——与谁，在什么环境下完成教学效果最好，反复尝试与犯错都是这项工作的重要组成部分。这一点在你执教的最初几年里的确如此，尤其是在你还是实习教师的时候。

学生不是客体，他们是主体。与原子或天体不同，他们的行为很难预测，他们有自己的意愿、动机、欲望和意图。这些因素单独或共同地促使他们以熟悉、不熟悉，有时甚至是早已遗忘的方式行事（看看你能否回忆起小时候，甚至十几岁时的一些行为，这些小插曲很可能与你现在冷静、正直的自我形成鲜明的对比）。

为了促使学生取得最大进步，我们需要研究一系列有效的教学方法，包括教学策略、教学活动和教学技巧，开发这样一套教学方法需要反复尝试与犯错，理想的情况下，我们会先从研究证据、案例和合理的推理开始，然后我们需要在教学实践中检验这一切。不仅要确保其有效，还要根据我们自己的教学风格和学生的情况做出修正。

■ 犯错的目的是排除错误

爱迪生花了很长时间才发明了灯泡，他说他发现了一万种灯泡无法工作的情况，所有这些方法都有助于他找到成功的方法。

这个故事说明了失败和犯错对最终成功的重要性，特别是一项实践活动，例如开发一种新产品，或者教学。

教学是一种实践活动，这是不言而喻的，事实上，这一特质吸引许多人从事这一职业。当然，这也是一项智力工作，但实践依然是重点，毕竟，它描述了授课的实际行为。

犯错是我们学习的重要组成部分，在厨房里烹饪、运动场上运动或学习开车时，我们都经历过。

当从事一项专业活动时，人们也许很难接受犯错，但好的教学受益于犯错。或者换言之，好的教学离不开教师发现、反思、分析错误以及从他们所犯的错误中汲取教训。这使得这一问题有了些许不同的视角。

每当我们为一节课制订授课计划时，我们实际上是在创造一些还不存在的东西，我们如何知道它是否有效呢？

回答：我们无法知道。

每当我们给一个班级上课时，我们如何知道学生们是否会像我们预测的那样做出反应？

回答：我们无法知道。

在这两种情况下，经验无疑起了至关重要的作用，但即使是最有经验的教师也会犯错误，或者发现自己因种种新情况而感到震惊，比如，学生的特点、班级情况和对问题意想不到的回答，等等。

这意味着教学既是犯错的过程，也是矫正的过程。反过来看，我们发现通常教师会先出几次错（可能是第二、第三、第四次）才能找到最佳的教学方法，只有反思这些问题，才能在未来的教学中汲取教训。

教学需要不断调整课程内容、授课计划和评分标准，这些调整一开始可能很难衡量。这是自然的，也是意料之中的。如果你发现自己处于这种境地，不要灰心。只要你可以从教学的错误中汲取教训，你犯的错误越多，调整就越容易。

事实上，正如奥斯卡·王尔德（Oscar Wilde）所言：经验是人们给自己所犯错误起的名字。

■ 评价性学习

促进进步是我们对“什么是教学”这一问题的回答之一，在“什么是教学”这一问题中，我们还没有考虑的一点是我们是如何衡量进步的。如果我们没有好的方法去衡量进步的话，进步就会成为一个没有根据的概念，缺乏相关理论的支持，站不住脚。

从这个角度看，教学的主要任务就是评价学习。教师的工作就是了解学生知道哪些知识，不知道哪些知识，然后尽力缩小知识上的差距。

我们可以用多种方法来评价学习。

首先，我们有正式的评估方式，如：普通中等教育证书（GCSEs）、（英国）标准成绩考试（SATs）、（英国大学入学考试的）甲级考试（A Levels）。或者其他随堂的评估，如论文、问题或由老师规定的学习项目。

其次，我们可以提问，问题可以是书面的，也可以是口头的，它也是第一类评估的一部分。大多数试卷都是由一系列问题组成的，需要在一定时间内完成。

我把提问作为一个单独的部分提出来，因为它是教师教学中极为重要的手段。通过提问，我们几乎可以检查学生对所有知识点的理解；通过提问，我们还可以随时评估学生的学习情况（也可以让学生思考，这两个目的经常重叠）。

稍后我们将对如何提问进行深入研究，在这里，我想说作为老师，我们每天都会问几百个问题。然而，除非我们关注这些问题的主题、结构和学生给出答案的类型，否则这些问题的质量不可能都很高。

我们评价学习的第三种也是最后一种方法是信息的泛化，这与前两种方法并不相互排斥。事实上，它可以包含这两者，以及其他许多内容。

获取信息不仅包括设计正式评价问卷、给予分数以及提问，它还包括倾听学生的想法，阅读他们的作品，在课堂上观察学生的情况，使用一些教学手段迅速了解全班同学的想法（如微型白板）以及使用其他方法帮助你了解学生的想法、知识掌握的情况等信息。

综上所述，你会发现我们的阐释已经从具体到一般，以便厘清教学就是评价学习的含义。

这不仅说明了为什么评价学习是一个如此重要的概念，还说明了与学生的互动或对学生所做的工作都是评价（在广义上）他们学习情况的机会。当然，我们可以利用这些信息来指导教学，确保我们所做的一切尽可能满足学生的需求。

■ 开阔学生视野

如果能够很好地了解学生的学习情况，我们就能更好地教育他们。但如果情况正好相反，我们很可能会发现自己总是在教授那些学生们早已熟悉的内容。

从理想意义上看，教与学往往与此无关。然而，这样做的目的是开阔学生的视野，帮助他们看到以前看不清或根本看不见的东西。

下面是关于柏拉图的一个故事，在故事里，这位哲学家用在洞穴墙上跳舞的影子做比喻来说明，我们认为自己所看到的或了解的世界，可能并非表面上看起来的那样。

故事中跳舞的身影是火焰产生的阴影。只有当教师——这个故事里是哲学家，介入此事的时候，观看洞穴墙壁的人们才会发现自己在光线折射中产生了影子。此时，他们的眼睛睁开了，世界呈现在他们面前，焕然一新。

请原谅我对柏拉图错综复杂的关于表象和现实的比喻进行了删减，但这样做是出于好意（但是仅凭这一点是否足以保证这些删减的内容不影响人们的理解，我们要留到以后再讨论）。

这些意象清晰地展示了教学如何影响学生的观点，他们如何透过镜头看世界。

开阔学生的视野意味着向他们展示他们可能会错过的信息和想法，或者通过更迂回的方式或者偶然的方式去发现。它包括教授新的概念，如核聚变或身份介绍（这需要视学生年龄而定），或者稍微复杂的挑战学生目前的理解力（例如，当我们重新审视在年龄较小时学习的某一思想或信息），可以通过完全不同的思维方式，或者引入先前未被发现的问题，来挑战原有的观点和看法。

在所有这些情况下，目的都是一样的：通过为学生提供新的经验来培养他们的思维。这可能既令人兴奋又令人困惑，也可能令人振奋又令人备感挑战。有些学生可能会排斥它，而另一些却会欣然接受。

借此机会回想一下，当年某位教师让你茅塞顿开的时刻，你的感受是什么？试着回想一下自己当时的心境。重新回想当时你的感觉如何？你坚定的信念受到挑战了吗？

现在，考虑一下，如果从来没有发生过这种情况，如果你从来没有进行过今昔的对比，或者如果从来没有人为你打开另一扇思考之门，你的头脑会是什么样子？

现在想想，还有什么在等着我们去发现。然后思考一下，通过你所教的课程，你将有多少机会把这些经验传授给你的学生。

■ 传递性教学

这是另一种思考教学的方式，它与启发学生、开阔眼界相比，显得更加平淡无奇。

与提高学生对于做人意义的理解，或者首次向他们展示表面张力是如何在一片树叶表面神奇地将水凝聚在一起相比，传授知识听起来有些枯燥乏味。

但我们必须始终牢记，知识是学习和发展的基石。一个不能背诵六次乘法表的学生，是无法利用这些知识进行快速计算的。

让我们回到求学的最初几年，我们发现了什么？

这是知识传播的开端，许多知识的传播都依赖于它——阅读和写作的第一步，那就是语言，语言是人类发展出来的一种工具，它代代相传。字母表是一组具有含义的任意符号，我们赋予它们含义。那么我们是如何做的？

我们不是天生就有这种能力的，是后天学会的。

为了说明这种情况，我们可以看看另外一套符号：

з д р а в с т в у й т е。

你可能会俄语，并知道它属于斯拉夫语系，或者，像我一样，你可能不会（我使用谷歌翻译把hello翻译成俄语）。

在学习知识方面，我们已发展到相当高级的阶段，即我们能够阅读并理解文本的阶段，我们自然会认为，我们之所以能够如此，都要归功于由字母构成的知识的传递。如果没有学习字母，我们就无法一步一步循序渐进地学习知识。

因此，可以说，知识的传递才是教学的真正意义所在。知识如果不传播，就会枯萎死亡。正如某些语言一样，最后一个本族语人离世，这门语言也就消失了。

但是，让我们抛开这些不祥的预感，回到我们前面提到的课程上来。

正是在这里，我们找到了最有力的证据，证明我们的建议是正确的，教学的核心是知识的传播。当我们设计课程时，我们是按照课程体系来做的，我们的目标是通过一系列的课程（可能需要三到四年）

来教授学生相关的知识。

在这一过程中，我们会发现我们在传播知识。课程体系，即对相关知识内容的详述，包含了适合某一年龄段学习的某一课程的知识储备。我们的课程就是这样开始的，在授课过程中，教师决定如何传播人类文化已形成的有价值的东西。

■ 适应教学文化行为模式

这是我们的问题“什么是教学”最后一个答案：文化适应。

这个词有多层含义，在这里，我们主要是用它来描述我们接受周围文化这一行为模式的过程。一个类似的术语是社会化，意思是学习我们所处文化的规范和价值观。

可能我们会觉得紧张，因为我们可能会发现自己身处一个多元文化社会或多元文化课堂之中，在这其中，不同的文化，包含的不同规范和价值观，会同时并存。这种紧张源于一种大胆的假设，即我们自己的文化是正确的，而其他的文化都是错误的，或者我们自己的文化在本质上比其他文化更好或更有价值。

在这里，我再一次反对陷入道德相对主义，宣称一切都是平等的，不能妄加判断。相反，我想指出的是如果我们没有意识到这种可能性，就可能会陷入潜在的偏见和不利的判断。

说到这里，让我们来思考一下文化适应。

可能有人会说，教学就是教师帮助学生成为所属社会的成熟成员，这样，他们必须帮助学生了解一些必要的规范和价值观，学习该社会认为重要和值得学习的知识和见解。

比较一下会使我们更清楚地了解这一点，看看是否能从你正在接受培训的国家以外的地方学习一门课程。你可以在网上快速地搜索一下，把它与你正在或将要使用的课程进行比较。

请注意课程的具体内容，以及这些内容在哪些地方具有相似性和在哪些地方具有差异性，还要注意课程的隐含信息是如何表达的，这是因为它们是以不同的准则和价值为基础的，这些准则和价值与其所属的社会中的普遍趋势、习俗、传统和信仰密切相关。当然，这两门课程在某些地方会有重合，但也会有重大差异。

这足以说明教学在学生的文化适应或社会化过程中作用重大，可以帮助他们慢慢从具有安全感和情感支持的家庭走向更广阔的世界，如果想取得成功的话，他们必须欣赏和认同这个世界。

所以我们发现自己又回到了起点，让我们再次面对这个问题“什么是教学”。

到目前为止，你应该已经看到，我所阐释的答案是广泛而又多元的。也就是说，教学为学生提供了学习机会，但从教师的角度，它会涉及上面描述和解释的许多方面。

本章的目的并非只是向你介绍教学的不同含义，而是鼓励你反思自己的教学经验、假设和理念，并考虑它们可能会随着你的培训进展而改变和发展。

结束本章前，我们要思考如下问题，同时完成下列简短活动来检验目前你对教学的理解。

■ 反思性问题

- 教学对你来说意味着什么？你同意我列出的不同答案吗？你要添加些什么，还是要删减些什么？

- 教学会阻碍学习吗？为什么？
- 你当年的求学经历在多大程度上影响了你对教与学的态度？
- 教师必须要优秀、令人难忘吗？为什么？

■ 反思性活动

- 列出整个求学过程中，对你影响最大的教师，请说明他们对你产生影响的原因，以及你可以从中学到什么来指导自己的教学实践。
- 把我对这个问题的不同回答按照重要程度从高到低排序，再加上你认为我漏掉的答案。然后，考虑一下你为什么要这样排序，就你的教学风格而言，这意味着什么？
- 挑战自己，以一种你不同意的方式重新排序。尝试着形成一个连贯的论点，解释为什么其他人可能会选择这种排序。然后，反思你最初的选择，评估你是否会仍然坚持。

第二章

CHAPTER TWO

多角度定义
什么是学习

在阐明了教学的概念之后，现在我们要讨论学习。

在此需要回答“什么是学习”这个问题，有如下多种答案，每一个都有自己的优点，每一个都要求你从稍微不同的角度来看待这个概念。

我们的目的是要与前一章的内容相呼应。

第一，我们要对什么是学习形成一种更细致、更符合逻辑的理解。第二，我们假定这个问题不是只有一个明确的答案，而是有多种可能的答案，它们都揭示了某些事实。第三，基于上述两点，成为一名优秀的实习教师，在一定程度上，需要批判性地思考学习这一问题，这包括我们已经熟知的学习方法，也包括为帮助学生更好地学习而要找寻的方法。

■ 关于“什么是学习”的常见回答

总的来说，学习就是发展，发展我们的能力、我们的知识、我们的理解力。如果我们进行过学习，就应该比之前更有进步，否则，就很难令人信服地说我们进行了学习。

回想一下你曾有过的失败的学习经历，也许它发生在中学、大学或者你学驾驶的时候。

为什么这种经历很糟糕呢？是什么导致了它的失败？你为什么没有从中学到很多东西，如果有的话，那又给了你什么感觉呢？

这些记忆很可能会让人产生某种挫败感或虚度光阴的感觉，你付出了一些时间（不管愿意与否），知道这一过程的目的是你要学会某些知识，但是你没有，当课程结束时，你几乎没有什么进步。

这说明了一个普遍的观点，即学习会带来变化，而这种变化是所有学习的核心目标。这种变化并非特别醒目，它总是表现为我们比之前知道得更多一点，理解得更好一点，或者在做事情时更加娴熟一点。

这是我们答案的另一部分，学习是一个积累的过程。它需要时间、努力和重复，换句话说，就是练习。

虽然任何学习经验都将带来成长、变化或发展，但是，在一系列课程或一门课程中所获得的学习经验，通常可能比在某一堂课中获得的经验更多、更清晰。

让我们以学驾驶为例，在某一堂课上，可能我们会注意到自己稍有进步。最后，如果我们进行反思，就会发现自己的驾驶技术确实提高了。

然而，如果我们要反思在20节驾驶课中，我们的技能、知识和理解力的增长情况（如果我们真的需要这么做的话），结果就会大不相同。

我们将会取得更加清晰、重大、意义深远的进步。从许多方面来看，这似乎是老生常谈，但有两个原因值得深入探讨。

首先，正如在前一章所述，教师每节课授课时间通常很短，因此，除非我们为学生提供帮助，否则他们很可能很难确定自己学会了多少和进步如何。

其次，长期练习和努力带来的进步是学习持久的驱动力。如果你没有这方面的经验或意识（有时，即使你有），下定这样的决心——坚持不懈地奋斗，推动自己前进。可能依然是一个挑战。

因此，教师有责任支持所有的学生做到这一点。

■ 学生是否学会新的知识

也许最直接的检验学习效果的方法就是我们是否学会了新知识。如果我们知道得比以前更多，那就说明我们已经学会了，就是这么简单。

学生们上了一节课，下课后，他们比未上课前对某一主题了解更深，这样学习就发生了。

但究竟什么是知识呢？有可能准确地测量一个人对它的掌握程度吗？

哲学家们长期以来一直在争论知识的地位（解决这个问题的学科被称为认识论），我们在此不展开讨论。

相反，我要根据自己的教学和学习经验，提供一个课堂教学的分析。

我认为，知识只是我们想让学生知道的关于某一主题的信息片段。这包括（但不限于以下方面）：某一知识的事实、概念、词汇、符号、定义和意义。这是一个简短的清单，内容并不具体，仅举此例来说明。

换言之，知识是课程内容最基本的形式。课程构建的模块，不包括我们下面要讨论的理解力和技能等要素。

这样看来，知识与记忆密不可分，因此，学生被要求记住教给他们的信息，而老师通常通过考试——主要是考查教过的知识，确认学生记住了多少。

这方面的学习是至关重要的，但仍然是片面的。

说它很重要，是因为为了学习某一主题，你必须能够记住与该主题相关的重要信息。同样，你必须能够以有效的方式谈论这个主题——使用适当的单词等——不仅要展示已学知识，而且还要加强、完善和发展这一知识（这需要思路清晰，认知能力强）。

说它是片面的，是因为知道某件事并不意味着你必须完全了解它。我可以记住一系列与土木工程有关的方程，但这并不意味着我理解这些方程。我可以理解，也可以不理解，无论如何，知道不一定意味着理解。

话虽如此，理解离不开在某种程度上掌握一定量的知识，这表明知识是理解的先决条件，即使它对理解是否会发展的影响是不确定的。

为了进一步说明知识和理解是紧密相连的，考虑一下这一事实：死记硬背在某些情况下是有用的（例如，当学生只需要知道一个词的意义或方程的结果时），但这绝不是一个普遍有效的学习方法。这是因为它只要求记住某一知识，而不是要求对它进行应用、分析或评估。要做到以上任何一点，都需要对这一知识有一定程度的理解，只靠死记硬背是无法实现的。

■ 认知性理解

所以也许学习就是理解，理解不仅只是知道某一知识，它将我们带入更复杂的认知领域。如前所述，这些包括应用、分析和评价，以及对这些主题的解释、比较、批评和引申变化。

但让我们试着把讨论范围扩展开来，我们就可以说，总的来说，理解意味着什么呢?

理解意味着我们可以解释和使用所知的思想、信息和事实，它意味着我们知道如何做事情，也知道事情的本质。对我来说，只有运用知识，理解才能体现其真正的价值。

如上所述，知道某一知识，除了我们能记住它之外，并没有赋予我们用它做任何事情的能力。这表明记忆最终只是使人想起了被记忆的东西，而并非要对有疑问的知识做任何处理。

例如，一个孩子可能会死记硬背乘法的六次表，这很好，也很重要。我们请他们回忆这张表，他们做到了，而且完全准确。但是，只有在我们进一步学习时，只有在孩子们开始运用这些知识时，学习的效用才真正产生。正是在这一过程中，孩子才会逐渐理解数字的含义，而非只是单纯地记忆事实。

他们还可能会逐渐发现不同数目之间的联系，能够运用自己对六次表的知识进行各种计算，或者识别数字、图形、形状等之间的关系。

这说明，单纯记住知识存在不足，但也很重要，只是记住知识本身是不够的，更为必要的是帮助学生发展理解力。

其实，理解力与能够使用我们所学知识的能力有关，研究理解力的专家所持有的看法可以进一步支持这个观点。

当我们看到一位专家在工作时，无论是纯粹的智力活动，如辩论，还是另一种类型的活动，如吹玻璃，我们都清楚的是，专家有能力以很高的技巧和精确度运用他们的知识。通常，这就是高度复杂的东西往往看起来简单、容易，但直到你自己尝试，才知其不易的原因。

因此需要指出如下事实：理解最好被看作是一个连续的过程，从对某一知识完全不理解到对它完全掌握。

以这种方式思考进一步突出了知道和理解某一知识之间的差别。我们可以知道很多事情，甚至知道它们的很多细节。然而，在所有这些例子中，我们所知的知识本质上还是零散的信息片段而非连续的理解。

另外，理解似乎存在于更多的维度中，我们可以更深入、更详细或更清晰地理解某一事情。一个新的视角可以让我们从不同的角度重新认识我们知道的事物（例如，如果被照亮的物体是三维的，那么光的角度的改变会产生不同凡响的效果）。

因此，知识和理解是密不可分的，后者至少在一定程度上是对前者的运用，而这种运用是连续不断的。

■ 延伸性学习：技能

对于“什么是学习”这个问题与众不同的回答就是“技能”。

通常，在教育中，内容和技能是相互对立的。因为前者主要包括学习信息，而后者主要包括实践和发展能力。

与知识和理解一样，技能不能合理地作为一个独立的、不同的实体存在。当我们谈到学习技能时，就必须记住技能是存在的，并且总是在特定的环境中使用。技能不可能独立于其他一切而存在，这在逻辑上是不可能的。

拥有一项技能，学习一门技能。这两种说法都表明，一般形式的技能是在某一特定事物中具体化的（批判性思维的技能，或能够思考设计理念效果的技能）。而且，在具体化的过程中，它立即与现实生活中我们所拥有的知识和理解联系在一起。

例如，在公民素质培养课上，我们可能帮助学生学习辩论这一技能。我们从一些一般的想法和讨论开始，但很快就会将该技能应用到具体的场景中。

我们可以要求学生就某一主题进行辩论，对某一特定问题的论点提出批评，或者为涉及最近研究领域的演讲撰写一篇结束语。

这种在实践过程中应用技能的做法似乎表明，虽然可以从抽象意义上谈论技能，甚至可以通过做练习或举例子来了解技能，但这种做法的效果本身是有限的。

为了使基于技能的学习有效，使其有意义和有价值，就必须以知识和理解为基础。

在此，我们认识到了课堂学习的本质，我相信你已经掌握了这一点。虽然我们可以把学习的各个方面（知识、理解和技能）看作是独立的，但事实上，这种情况很少出现，如果有的话，这三者也是紧密相连的，而且通常在大多数优质课程中是不可分割的。

话虽如此，对我们来说，依次处理每一个要素是有益的，这样做使我们有机会去思考学习作为一个整体如何在我们的课堂上发挥作用。这还让我们考虑如何根据我们所教授的课程类型和我们的学生所处的阶段，来改变这三个要素之间的平衡关系。

■ 概念性理解

有些人会认为，学习的本质就是概念的理解。概念是指思想观念，它们是对无形事物的抽象概括。勇气是一个概念，它不像一块岩石那样存在于这个世界上。它不是一个物体，而是一种观念。我们可以看到一个人很勇敢，但我们不能走进一家商店，拿起一块勇气。（更多关于这种困境的信息，请参见《绿野仙踪》。）

概念是我们许多思想的基础，可以认为，它是文化的智力体现，文化是一种人们在一个社会里共同拥有的生活方式（精神的和经验的）。

例如，想一想孩子们是如何学习最基本的、成年人认为理所当然的概念的，比如时间、分享或者真相。然后思考，随着孩子们的成长，他们的概念理解能力是如何发展的。

一个5岁的孩子对时间的理解和一个15岁的孩子是不同的，即使他们都能在言语中使用时间这个概念。同样，一个5岁的孩子可能会从非常基本的意义上谈论分享，而一个25岁的年轻人可能会从政治的角度谈论分享，把分享这个概念作为财富再分配和公共产品提供的论据基础。

在此，我们还可以看到在生活中我们如何继续依赖各种概念。没有对它们的理解，我们将不能思考或沟通，我们甚至不可能把自己想象成一个人，毕竟“人”这个字也是一个概念。

那么学习，主要是关于概念理解的发展。这种发展包括对概念的意义、使用的深度和细微差别的日益增长的认识，但这也需要我们不断扩大进行概念理解的思维地图。

例如，学习事实和信息等知识给我们提供了一个更为翔实的思维前景，我们可以从中接触到各种概念，帮助我们理解概念的过程就像询问、分析和应用概念的过程一样。

另一种对概念理解发展的看法是，通过学习，我们变得更聪明，这种智慧使我们知道得更多、做得更好。随着这个过程的发生，我们发现自己越来越接近事物的现实，它是如此之大，永远无法完全理解，但随着学习的深入，我们可以更好地了解它。

沿着这条智慧之路走下去的唯一问题是，如何定义这个词是相当棘手的，在这一点上，它可能不符合我们此处的目的。

尽管如此，把学习看作——至少在某种程度上——概念理解的发展，意味着我们认为课堂教学对学生认识社会、了解文化和审视自己的经历有直接影响。我认为这个比喻很恰当，因为它使我们把学习（和教学）想象成在学生的思维脑图上添加细节、增加深度和广度，同时可以帮助学生更加准确、批判性和谨慎地使用它们。

■ 学习就是过程

现在，我们来看看对这个问题更有帮助的答案。在这里，我们可以说学习就是过程，是我们用来学习知识的过程。

这样的回答可以让我们注意到学习本身就是一个过程，这是因为它包括学习者完成一系列的学习任务，并希望能够达到预期的结果。

例如，为了完善一个舞蹈动作，一个学生可能会花费许多时间进行练习。当他这样做时，他会注意到改正小错误之后，他进步了，而且通过反复练习，他的熟练程度提高了。学生是否清楚地意识到这一过程，这是一个有趣的问题。他们不需要为了更好的练习效果意识到这一点，但如果他们意识到了，效果更佳。

现在我们来讨论一个与学习有关的普遍争论的主题，专家型学习者主张要积极参与自己的学习过程。

例如，一位专业的艺术家在尝试一种新媒介之前，很可能会花费大量的精力分析和评估他们所做事情的结果，然后再利用这些信息做出改变。一个不太专业的艺术家可能会先使用这种媒介，然后退一步想想发生了什么。一个更不专业的艺术家可能会先使用这种媒介，然后想知道为什么事情不像他们希望的那样。

学习过程中的某些因素是通用的，其他方面则会因为人们学习的内容和方式而有所不同。

记忆的使用是一个普遍的过程，所有的学习都依赖于此。不妨回忆一下这个悲惨的故事：一个患有健忘症的人，他必须每天早上醒来时重新记忆自己的名字。这个故事指出了记忆的重要性，同时也表明通过使用辅助手段或记忆方法可以记得更好。

另一个普遍的过程是反复试错，同样，它的使用效果往往取决于它是有意识的、半有意识的还是完全没有意识的行为。

我们经常看到小孩子总是反复试错、不断尝试，他们不断地对周围的环境进行探索、测试和实验，通常并不关心他们是否犯了错误。直到后来，随着年龄的增长和对世界认知范围的变化，他们才开始害怕失败。

但也要考虑到许多有创造力的个人，如艺术家、音乐家、科学家、发明家都乐于尝试。我们经常看到年纪很大的人依然保持着（或已经培养了）一颗童心，大胆试错。至关重要的是，世卫组织（WHO）将其视为一种有益身心的进程，而不是一种威胁。

这一切都有助于让我们坚信这一理念——学习是一个渐进的过程。在此过程中，我们需要考虑如何帮助学生思考他们的学习过程，以及我们自己的学习过程。

■ 学习失败与成功

下面我们将要讨论失败和成功的话题。

学习中一定会有成功和失败，对吧？我的意思是，当你学习的时候，要么成功要么失败，对吧？如果你能比以前做得更多，比开始学习前知道得更多，那么你就成功了，否则你就失败了。

真的就这么简单吗？是也不是。

首先，毋庸置疑，学习可以用成功和失败来评判，其标准就是我们是否实现了设定的目标。如果实现了，我们就成功了，否则我们就失败了。

其次，在课堂教学中，我们很容易准确判断成功与否，特别是如果我们有诸如考试、问题、试卷等评估方法时。

然而，另一方面，如果这样看待失败和成功似乎有些太过武断，这会让人认为学习是零和游戏，非赢即输，别无选择。更好的方法就是重新定义失败与成功，以便应用于学习中，产生不同的效果。

让我们先讨论成功，我们需要从学生和老师的角度来问，成功到底是什么样子的。当这样思考时，成功就不再像是一块巨型岩石，要么能爬得上去，要么就完全爬不上去，而是更像许多级台阶，虽然其中一些会比其他的更难攀登，但是很可能成功。

学生之所以会从二元论的角度（要么成功要么失败）看待成功，其中一个原因是，他们对自己要学习的内容的理解是有局限性的。人们在学习过程中的经验往往有限，这使得他们很难看到一个远大的目标（学习会使他们有能力做想做的事情），并将其分解成更小的、更容易管理的部分。

所以学习应该要取得成功，但成功需要重新定义。学生往往无法自己做到这一点，教师需要介入帮助他们重新定义。

失败也是如此，同样，学生们常常把它看作是绝对的，而非一个可以被拆开并有细微差别的概念。

课堂学习中的失败并非绝对的。每一次失败都给我们提供了可以进一步发展和进步的信息。目前的困难在于，必须改变学生对失败的看法，这是教师工作的重要组成部分。正如你将注意到的，它与我们上文已经讨论过的发展概念理解和学习过程的重要性是密切相关的。

■ 能动性学习

现在我们暂时放下先前的答案，从更深、更个人的角度来看待学习。从社会学和哲学意义上说，能动性是个体在世界上行动的能力。囚犯和被压迫的人一样，他们的大部分的能动性都被剥夺了。

说到学习，整个过程都与促进、增加和赋予能动性密切相关，即提升学生在这个世界上的行为能力。

读写能力是最典型的例子，虽然一个不会读写的人也可能会成功，过上美好的生活，但他们也会发现，因不能阅读文字，无法获得人类经验用文字表达的那一重要部分。他们甚至会发现在某些情况下，尤其是书面文字在社会和文化中扮演重要角色的情况下，他们会面临重重困难。

想象一下，一个人在完成了正规的教育之后，学会了读写，这将是他生活中的一个重大变化，因为这将给他带来巨大的能动性。随着读写能力的提高，他们在世界上行动的能力——能动性也会提高。

我们可以断言，学习使我们变得比过去更优秀，而且随着我们在这一过程中所取得的一点一滴的进步，我们的人生各种可能性都会更大。

这些可能性可能是身体上的，也可能是心理上的；可能是外在的，也可能是内在的。例如，有机会获得某种类型的工作，有机会以一种更准确的方式思考我们的经历和情感。这两个例子都说明学习的种种好处，例如，可以提高我们做人的能力，获得成功的能力，被了解和理解的能力，做我们自己或者成为理想自我的能力。

上述观点可能会被认为太模糊、分散而被忽视，但是，从纯粹功利主义的角度来看学习，就会忽略有知识与没知识、有能力与没能力之间的根本区别。但这种差异在某些地方只是一个小小的差距，在其他地方却是一个巨大的鸿沟。

学习总是有助于提升个体的能动性——增加他们在社会上做更多事情的可能性，它带来的变化有时大，有时小。然而，不管学习了什么，总会发生某种变化。

这种学习的愿景是一种与人类在这个世界上的行动能力密切相关的不断变化的体验。在这个由中央资助、中央管理的正规化教育领域里，这种愿景（能动性）很容易丧失，但是值得坚持下去。我们应该牢记，作为教师，我们所从事的工作有多么人性化。

■ 个人实现

亚伯拉罕·马斯洛，人们熟知的一位20世纪的心理学家，曾提出人类五种需求层次理论。马斯洛认为，它代表了人类的多种需求，并按照这些需求的相对必要性对其进行了排序。因此，我们发现最底下两层是人的生理和安全需求，呼吸、食物、水、住所、保护等是其他需求的基础。

第三类需求是对爱和归属感的需求，他把友谊、家庭和性亲密放在其中。第四类需求是对尊重的需求，包括对他人的尊重、自信和成就感。最后，在需求层次的最顶端，是自我实现。这包括马斯洛认为的核心潜能，发挥个人潜能，实现自我。

对马斯洛的需求层次理论是否应该被接受，有很多争议。事实上，自从我所概述的初步模型建立以来，它已经得到了相当大的完善。

我们无须在此进行争辩，相反，我们可以用它来帮助我们思考，学习在个人成就中的作用，从学习中获得更广泛的乐趣，以及它在许多人的生活中扮演的重要角色。

“为了学习而学习”这句话的存在并非偶然，它表明，学习不仅是达到目的的一种手段，而且本身也可以是目的。学习某一主题的唯一原因就是你觉得它有趣，这是学习的最佳理由，不管这门课多么随意。

在许多社会中，个人成就感被视为一个理想的目标，它主要表现为人们试图发挥自我潜力，推动自我成长，成为比现在更好的人。

如果这不是对学习的描述，那又是什么呢?

然而，孩子们被迫去上学。当然，这是绝对正确的，但他们可能并不总是这样看！这就把我们引向了这样一种境地：对他们来说，学习可能就是敷衍了事，而这与我们在这里讨论的个人成就感相去甚远。

在一个古老而熟悉的教室里，想办法让学习成为现实，对所有的教师来说都是一项任务，那些成功的教师通常会从他们的学生那里得到令人难忘的回馈。

■ 适应学习文化行为模式

因此，“什么是学习”的最终答案也就明确了，它与我们在上一章讨论“什么是教学”时给出的最终答案相呼应。我在此重提是为了提醒教师们虽然教与学是相对独立的，但它们又相互依赖，紧密地交织在一起。

正是通过学习，儿童和青少年才成为其所属的文化或社会的正式成员，这一进程有助于他们从完全依赖家庭过渡到能够暂时地自立、逐渐独立，最终可以自立于社会。

马歇尔·麦克卢汉（Marshall McLuhan）几年前曾指出，媒介就是信息。虽然他谈论的是媒介，但我们可以把他的见解应用到教育上。学生接受正式教育的过程本身就是所在社会和文化信息传递的过程，同时也是教师的成长过程。

这一信息在一定程度上或含蓄或明确地指出教育是至关重要的，而且十多年的义务教育也清楚地表明学习很重要。

它还取决于在上学期间所发生的事情。正是由于这个原因，在全国范围内，学生在校的经历无法完全一致经常被认为是一个问题，这种观点并非说所有的学校教育都应该是相同的。相反，它应该达到同样的标准，全国的孩子们才会有平等的机会取得成功，学习知识以及获得政府支持。（在一个民主国家，我们不要忘记，这是人民的意志体现，所有费用也都是取自于民的）。

因此，学习与其他任何事情一样，与文化适应和社会化紧密相关，就它所传递的信息而言，它传播的媒介与其他任何媒介一样强大。

因此，我们不要忘记，作为一名教师，你对你的教学媒介有很大的控制权，这不仅包括自己学校的媒介，甚至是整个教育界的媒介系统。

你可以决定你的课程内容、师生的互动模式和沟通模式以及所有其他想要传达的信息，思考一下这对你而言是多么有利的事情。

现在看来，“什么是学习”这一问题的答案越发清晰，也越发模糊了，因为我们找到了多种答案，这也意味着该问题的答案不是明确唯一的。

与前一章一样，本章的目的同样也是激发读者对这一古老而熟悉的问题进行批判性、细致入微的讨论。

这将帮助你以更加严格、客观的态度反思自己的学习经历，同时也帮助你以分析和探究的方式思考学生的学习方法。

这一方法可以帮助你在执教第一年取得巨大进步，我们总结了一些问题和教学活动，帮助你进一步反思学习的本质。

■ 反思性问题

- 什么是你的最佳学习经历？为什么它们是最佳的呢？
- 在什么情况下，教师会妨碍学习的进程？在什么情况下，他们会促进学习的进程（即如果没有教师的参与，学习就很难进行）？如果可能的话，在思考这些问题的时候回想一下你自己的学习经历。
- 所有的学习都是一样的吗？为什么？
- 当你学习的时候，你在想些什么？这对你的学习有什么影响？
- 你是如何知道你已学会某一知识或者已经掌握了某一技能的？

■ 反思性活动

- 制作一张表格，分别列出5次最佳和最差的学习经历，进行比较，并思考为什么它们不一样。在教学中，你可以从中借鉴什么呢？
- 采访3位朋友或家人，询问他们的学习经历，他们认为学习是什么，以及如何看待学习过程。将他们的回答与你自己的想法进行比较，你能得出什么结论？
- 观察一位经验丰富、工作出色的教师，观察学习这一活动在其课程中的作用。在他授课过程中，学生们在做什么？教师如何管理学习？这节课的重点是什么？教师使用什么语言？如果可能的话，与这位教师和他的学生们也谈谈这些问题，然后将他们的回答与你的观察进行比较。

第三章

CHAPTER THREE

如何成为一名优秀的实习教师

在第一章、第二章中，我们对教学的核心要素——教与学，进行了批判性的解析。在这一章里，我们的重点转移到所有教师都需要知道的日常事务，以帮助还处在实习教师阶段的你，早日了解什么是日常工作中最重要的方面。

在接下来的章节中，我们将再次详细探讨教与学方面的内容。

现在，让我们先考虑一般性的和具体的日常事务。

■ 必要的日常事务

学校是一个奇妙的工作场所，它们各不相同，实习教师面临的挑战之一是要决定他们要在哪种类型的学校工作。我将把这一挑战也留给你们，因为我打算给大家上一堂速成课，讲授在学校工作所涉及的一些大大小小的日常事务。

首先是熟悉校园，你需要认识校园里的路。这有时比听起来更复杂，一些学校的结构错综复杂，不同时期的建筑之间往往缺乏连贯整体的规划。

在培训伊始，无论是短短数月的实习还是长期在此工作，你都应该花一点时间来熟悉校园，这会让你以后的生活更轻松。如果不收门票的话，不要害怕在走廊里闲逛，四处闲逛会帮助你熟悉校园。如果你担心因此被指责不专心工作的话，随身携带一张纸——这绝对是一种万无一失的方法，它能让你看起来不是在闲逛而是在工作！

认识学校的主要部门：各个部门或年级组、厕所、接待处、办公室、教研室、复印室、出口、入口。如果可以，请学生或者工作人员带你参观一下。

熟悉了校园布局之后，下一步就是确保你能够快速找到所需的资源、知道如何查阅影印资料以及如何登录计算机系统。这些都是基本的东西，我相信你会很快熟悉的，我在此只是简单一提。

接下来要熟悉学校的日常工作，这至关重要，这可以确保你永远守时，并清楚地知道在各种事情之间有多少时间可以利用。

最后要熟悉学校对学生和工作人员的管理规定，前者包括学生在校的行为准则。或者，如果出了问题该怎么办！很好地理解学校的规章制度对你的课堂教学大有裨益，学生们很快就会知道你是否了解这些。

对员工的管理规定一般相当简短，通常包括基本的着装要求、要求出席会议的次数、停车的位置等。迅速了解上述规定可以确保你不会违反规定，也不会因被告知如何做才会符合学校的规定而陷入尴尬的境地。

不成文的规则也很重要。例如，师生之间通常会保持正式或非正式的问候吗？周一会在教研室开短会吗？将主管的邮件抄送到非紧急邮件中是否被视为一种不好的行为？提出上述问题的目的是请你思考哪些行为符合学校日常活动的规范。学会这些，并能与他人一起愉快工作，会让人们对你产生好感（当然，这也会使你的培训变得更加愉快）。

其他需要考虑的日常事务，包括熟悉学校的软件（他们用什么来登记？是否有一个虚拟的学习环境），进出教学楼的程序，教学楼开放和关闭的时间，以及任何相关的信息。

总之，当你开始接受培训时，你将进入一个由人、各种规章制度组成的机构。尽快掌握这一切，会使你的生活更轻松，也会使你更加专注于自己的教学和学生的学习。

■ 贯通性课程体系

我们紧接着要探讨的是课程，如何将教学实践与教学方法巧妙地结合在一起。

你将教授的课程必须与你所在实习学校的课程相一致，通常，这将直接由政府、考试委员会，或者学校内部的教学部门或教学团队，根据政府或学校领导团队提供的目标准则来设定。

熟悉你将教授的课程或者你的专业领域的课程至关重要，一些实习教师不愿为此花费很大精力，只是采取观望的方式，这很难使其成为优秀教师。

一个更为明智的选择是找出一门学校正在教授的课程，你可以花时间浏览这一课程，了解课程内容，理解其构建的基本原理，并且评估哪些知识你已经掌握、哪些知识可能还需要查找。

政府设定的课程可在互联网上找到课程大纲，这些课程各不相同。一些学校也提供打印本，尽管这种情况越来越少。考试委员会设定的课程也可以在网上找到课程规范，即一门需要考试的课程应该涵盖的教学内容。

撰写本文时的主要考试委员会包括英国资格评估与认证联合会（AQA）、牛津、剑桥和RSA考试局（OCR）和英国爱德思国家职业学历与学术考试机构（Edexcel）。如果你正在培训教授初中的孩子，就应该知道你们使用的是哪个考试委员会的规范，以确保你研读的是正确的规范。

除此之外，大多数学校还会提供行政文件，列出学生在不同年龄或不同学科的学习内容（这与课程的内容相仿）。你应该询问你的导师这些书都在哪里，然后通读一遍，以便了解你所教授的学科或你所在团队的教学依据是什么。

如果你有机会到多个学校实习，一定要珍惜，因为不同的学校会有不同的选择，这一定会使你受益，意识到这一点并提前研究它将帮助你在教学中避免遭遇许多不快。

最后，你还可以在系里或年级组的教师授课计划中找到课程信息，如果幸运的话，这些信息可以通过学校计算机网络上的共享文件夹获得。如果可以的话，那就太棒了！你可以随意浏览它们，这将帮助你了解课程名称、课程内容以及授课形式。

如果课程不能随意浏览，你需要征得同事的许可，解释一下为什么你想要看这些课程，这通常不是什么大问题。

要想成为一名优秀的实习教师，熟悉课程是至关重要的。你越明白需要你教什么，就越有可能设计出优质的课程。

此外，如果你对课程整体及其教学设计背后的原因理解透彻，你就会更好地为学生做出学习计划，解释学习的目标，以及为什么设定这一学习目标。

最后要指出的是，你可能会发现研究课程的发展历史对你有益，这可以在互联网上快速轻松地完成。虽然这项研究与你的课堂教学没有直接关系，但它会有助于你联系当前的情况，更好地理解支撑当前教学方式的政治和教育方面的驱动力。

■ 结构性职位

任何学校都有多种角色，其中一些在许多机构中都很常见，另一些是学校所独有的。要了解相当标准的职位（教师、系主任、校长助理）的名称如何扩展成各种各样的名称。

在学校里担任不同职位对你的事业大有裨益，这将帮助你了解机构中的责任分配，谁负责什么，以及如果你在某一具体事项上需要支持，应该向谁求助。

在这里，我将简要概述你可能遇到的主要职位。

校长负责管理学校。通常，他们会从一名实习教师做起，逐步晋升到管理层。有些学校设有执行校长，他们对学校事务负总体责任，而副校长则主要负责学校的日常运营。

高级领导团队（简称SLT）是由教师组成，他们都担负高级管理职责，与校长共同管理学校。

副校长是学校第二负责人，学校里通常有1～3个这样的角色，其次是校长助理。这些职位都有其具体的岗位职责，根据学校的规模和预算，人数可能从2～10人不等。

其次是**中层管理人员**，他们是由具有管理职责的教师组成，职位低于高级领导团队。在中学里，这包括**部门领导**和**学区领导**，如院长或年度院长（heads of house or heads of year）。在小学，责任人通常会按照学科专业和年级组来任命。

除此之外，还有**行政人员**、**会计**或**财务总监**、**接待员**、**门卫**和**复印人员**。

学校里的每个人都扮演着重要的角色，如果你想做得好，那就要表现得愉快、友好、积极，这是显而易见的，永远不要低估声誉的力量。即使你只是在此短暂的实习，人们也会很快形成对你的看法——不论他们的观点正确与否！这些信息很可能会出现在人们日常的闲谈中。

现在，想象一下，如果你的导师或高级领导团队的一名成员（他们可能希望招聘实习教师担任全职教师）听到对你热情洋溢的赞誉，哪怕是一句好话，都会对你有利。

根据我自己的经验，我强烈建议和负责复印的员工建立良好的关系，如果他们喜欢你，你需要课前马上复印资料的话，他们很可能会帮你一个大忙。

关于职位的最后两点。了解谁对什么负责意味着你能够在需要的时候向正确的人寻求正确的帮助，它也使你更加轻松、有效地使用学校的系统。

作为实习教师，你会遇到许多只与你和其他实习教师相关的角色，那就是你的导师，但也很可能是专业研究项目的协调员（PCM）。

如果你想出类拔萃，与担任这些职位的人建立良好的关系至关重要。

他们是监督你进步和观察你教学的关键人物，尽早熟悉他们的性格，并去适应他们，例如，以适合他们思考的方式提供信息。

除此之外，在与导师和专业研究项目协调员或同等职位的人合作时，最好的建议是，教师最好每个人都具备良好的组织能力、努力工作、积极的态度以及从建设性批评中学习的能力。

■ 训练过程

接下来我们要谈谈培训过程，关于这个过程，我只说几件事，但是每件事都很重要。

首先是时间安排。如果你想出类拔萃，就必须很好地了解你受训活动的时间安排。你应该明确在什么时候你需要做什么，在这个过程中，注意那些关键的时间节点。例如，你是否必须在教学负荷增加的那一周交作业？如果一个重要的教学考核被安排在朋友婚礼的同一周，你该怎么办呢？

知道如何使你的课程进展顺利意味着你可以提前处理可能存在的问题，这将帮助你认清教学目的，就好像你脑海中有一张精确的教学路线图，无论你在授课中多么繁忙，最终你都可以返回目的地。它也会使你从别人的角度审视这门课程，这会给你提供新的视角。你的这种工作方式也会使你的导师的生活更加轻松，因为所有工作细节都不会被忽视遗忘。

知道了工作中的时间安排，你就能提前做出计划，以便错开工作负担较重的时间节点。虽然这不会让培训过程变得轻松，因为在这个阶段，不可避免地，你会有很多工作要做，但它会使你考虑如何防止产生过度的工作负担。

例如，你可能会发现在圣诞节假期前你有空闲的时间（我说的是可能），然后决定利用这个时间完成一项任务或整理你的文件夹。无论你做什么决定，最好都要提前做出，并且清楚要做什么，何时完成。

其次我们来谈谈课程对优秀实习教师的要求。在上一章，当我们研究学习的本质时，我提出的一个答案是学习本质上是一个成功和失败的问题。我们看到，如果对学生而言，评判成功的标准很容易理解，那么成功就会更加容易。在课堂教学中，这部分工作得由教师来完成。

在课堂之外，我们需要自己独立承担这项工作。

如果你想成为一名优秀的实习教师，我相信你能做到，如果你知道需要做什么来实现这个目标，那么你的任务就会变得简单得多。你的课程负责人通常会向你提供文件，说明你需要做什么才能取得优异的成绩。

通读这些文件，仔细思考其中的意思，然后和导师认真谈谈，借鉴他们的经验，请他们把这些文件中的要求与你的授课实践结合起来。

如果有感觉模糊不清的地方，一定要弄清楚，收集你所遇到的问题，并与课程负责人分享这些问题。（这比你每当有问题就发邮件询问更好，因为对方可能会觉得很烦）。

为什么不去看看以前的那些高分作业的范本，或者看看以前那些被评为优秀实习教师的文档呢？或者在学校里找一名教师，让他直接给你展示一节精彩的课到底是什么样子。你甚至可以把你的观察表带进课堂，打钩标记出他们都做了什么、何时做的。

我们的目的就是为自己找寻成功的最佳机会——为成功做好准备。只要稍加思考、规划和分析，这些都很容易实现。按照上面的步骤，你会清楚地知道对于你的实习工作，哪些是需要评分的，从而使你更容易获得这些分数。

■ 与学生合作

现在我们来谈谈作为一名实习教师什么是工作中的关键：学会如何有效地与学生一起合作。到底教授哪个年龄段的学生取决于你是要成为一名小学教师还是中学教师。

首先要意识到的是，接受培训时，我们都会带着一系列的假设和先入为主的观念，这些都使我们倾向于从某种角度看待学生。

例如，你可能对教师的角色有一种理想化的看法。戴上玫瑰色的眼镜，你就会想象，只要有一点点创造力和聪明才智，任何孩子都能享受到学习和努力工作的乐趣。或者，你可能会觉得只有一些孩子能够长时间集中注意力，你需要做很多事情来帮助那些可能做不到这一点的人。

假设和先入为主的观念往往是错误的，如果它们的确曾被证明是正确的（而上述观点都没有），这种验证也只能通过将它们与来自教学经验的证据进行比较来实现。

你应该做到以下两点：

首先，在接受培训时，应该花些时间反思你所持有的假设和先入为主的观念。这并不容易。你需要有批判性和客观的态度，以一种超然的态度看待自己的想法。而且，这样做是有价值的，因为它会使你在真正从事教学之前，了解自己是如何思考的。

其次，你应该质疑你所认定的任何假设或先入为主的观念，它们可能是正确的，也可能是错误的，你需要在教学实践中验证它们。如果证明是错误的，那就要放弃它们。

没有参与这一过程，就很难成为一名优秀的实习教师，因为你会发现自己处于沮丧或不愉快的境地。知道自己在教学中会受到挑战，这会使你感到艰难。但如果这种经历是出乎意料的，或者它发生了，而你却没有意识到，那就更复杂了。

我给你们举个例子。

想象一下，我们在接受培训时，如果假设所有的孩子都想学习，都期待着上学。这一假设就会影响我们的思维，最重要的是，也会影响我们的预期。

当我们的期望与现实不符时，我们会感到沮丧。如果没有意识到这是前期的假设在我们的思维中产生了作用的结果，我们可能很难理解为什么会有如此感受。

通常导致的结果是，师生关系可能会变得紧张，或者不如我们希望的那样积极。

现在，在开始培训之前，我们先认定某一假设。我们不必马上否认它，但我们可以对它提出质疑，并且在课堂教学中验证其真伪。

如果能这样考虑的话，我们就不太可能感到沮丧或挫败了。这是因为在课堂教学之前，我们已经知道我们的假设不一定正确，这使得我们降低了对教学效果的期望值。

总之，对教书这一工作，尤其是教授青少年，如果你的期望值比较合理的话，这有助于你避免许多负面情绪。而且，这也有助于你更清楚地意识到你以前的经历所提供的信息，从而避免拘泥与这些经历背道而驰的思维方式。

当然，我不是在提倡排斥理想的教学假设！而是承认它们只是一种理想模式，不一定会在你的教学过程中体现出来（如果不能，你需要回答的下一个问题是，如何弥补这一差距）。

在与青少年打交道时，我们必须考虑的第二件事是，他们正在经历一个较长的发展时期，这包括身体、情感、社会、智力和心理的发展。

正规教育阶段不仅是学生对课程所规定的思想和世界形成理解的时期，而且也是身心发生巨大变化的时期。

在此，我们可以看到，作为一名优秀的实习教师，了解学生的成长历程是非常值得的，你应该根据学生的年龄来修改你的调查内容。

因此，举例来说，如果你正在接受中等教育的培训，如果你对大脑在青少年时期经历的变化以及荷尔蒙在塑造和影响行为方面的作用有了基本的了解，就会处于有利的地位。同样，如果你正在受训教授更小的孩子，成为儿童发展心理学方面的专家，包括了解认知的发展和所有孩子都要经历的阶段，将大有裨益。

能够解释学生参与的一些行为和思维，将有助于你做出更好的决定。一个简单的事实是，如果某件事情发生，即使你只能解释其中部分原因，这也比你毫无头绪、一头雾水要好。

■ 与同事合作

除了与学生合作，你也会和同事合作。这里有几件事我们必须说明。

首先，同事是信息和经验的来源，从他们那里你可以寻求支持、帮助和建议。虽然教师们都很忙，但如果你遇到困难寻求帮助的话，这将有助于你将事情顺利解决。比较下面两种方式：

A）你能告诉我你对这节课的看法吗？

B）根据你的经验，你认为这是吸引学生的好方法吗？

第二句话的作用很微妙，它更加有利于在繁忙的工作环境中，增加与其他教师的互动。

之前，我们探讨了学校里的不同职位及其重要性，了解同事的工作会使你变得更加轻松，这主要是因为你知道去找谁处理不同的事情。这会使你更有可能得到你想要的信息或帮助，也会使你看起来更专业。

如果你不确定谁负责某一领域，或者你想知道谁是谈论某一话题的最佳人选，可以问问你的导师。

快速提高你对课堂教学理解的最佳方法之一是观察同事的教学，要在最短时间内多听各种教师的授课，这将帮助你意识到在教学中什么是可行的、有效的，什么是无效的，什么是你想尝试或者避免的。

这个过程有助于你具体理解你脑海中有关课堂教学本质的概念图。随着时间的推移，这张图会不断完善，这绝不仅仅只是你进行教学和学生做出回应的原因。

然而，在你培训伊始，这张图里的内容肯定是稀疏的。因此，此时广泛观摩各位教师的授课是加速进步的好方法。

在学校里，对于教学效果优异的教师，他们的课总是值得观摩。此外，有些教师在教学上有某些特别的优势，比如擅长行为管理或提问，他们的课也需要观摩。另一个有用的方法是同时观摩两到三名教师的授课，使用对比的方法来达到相似的目的。以行为管理为例，你可能会看到一名教师扮演严厉的角色来创造一个有序的环境，另一名教师努力营造融洽的师生关系，第三名教师则扮演关怀或培养的角色。

在这种情况下，这三种方法都同样有效，然后你要决定你是完全采用其中一种，还是要从每种方法中借鉴一部分。

你可能还想比较初登讲台的新教师和经验丰富的老教师的授课方法，两者都会使你受益。

至关重要的是，当你观摩更多的教学，然后结合自己的教学经验，你将越来越能够区分哪些方法有效或者无效，哪些效果显著，哪些适合你使用。

让我们回到学习这一大概念上来，它有助于我们全面理解“知识和理解力”的含义。通过进行大量的观察，并将所获得的知识与你从教学中获得的知识结合起来，你将会为教学打下坚实的基础，并从中发展出你对教学的理解。

尽早建立这样的基础会让你更容易尝试新的想法，建立自己的教学风格，合理计划并取得优异的教学效果。

■ 教学软技能

最后要讨论的是软技能。所有雇主都希望自己雇用的员工拥有这些技能，这也是商界领袖们永远嘲笑大学不教的东西！

这个术语包括团队合作、沟通、独立工作、解决问题、积极主动、时间管理和决策制定等能力。

从另一个角度来看，软技能与个体的情商密切相关——他们感知周围情况、管理自己以及管理与他人关系的能力。

说到软技能，需要记住的是，学校和其他地方一样，也是工作的场所，要想成功，就必须具备优秀的软技能，这与其他工作场所的要求很相似，尽管可能因我们所处的环境不同，具体应用的细节会有差异。

那么，在软技能方面，你需要做些什么呢？

第一件事是要意识到它们的存在。想一想你在接受培训时，是如何通过着装、行为举止向别人展示你自己的。考虑一下你是否足够主动，是否总希望别人为你做事，还是习惯自己动手去做。

问问自己，当问题出现时，你会做些什么，你是把它们看成机遇还是困难。想想你在多大程度上关注同事发出的言语和非言语信号，以及你传达给他人的信号。

接下来要考虑的是你想要呈现何种形象给同事，在你接受第一次培训之前，花点儿时间想想这个问题。记住，这是一个自我展示的好机会。他们不了解你，也不了解你的职业态度。所以，你首先要决定你想向同事展示什么，你想让人们如何看待你，然后努力采取行动吧！

更进一步说，当你找工作时，能够举例说明你有何种软技能将会对你极为有利。雇主们总是喜欢有证据支持的观点，而非空话假话。

请记住上述几点。下面是一些例子，你可以在培训期间做一些事情来证明你拥有各种软技能。

团队合作：与同事一起制订课程计划或工作计划，团队合作讲授一系列课程，抽出时间为所在部门或年级小组的成员提供帮助，创建并与他人共享资源。

交流：提出一个鼓舞人心的话题，为你的学生制作视频网站（YouTube）的视频，交流重要的学习内容，参加家长聚会，参与撰写报告，计划一次全校性的活动（或者参与其中）。

解决问题：反思为什么课程没有按照计划进行，然后进行修正，为你或你的学生提供解决特定问题的资源，请求心理辅导教师帮助你解决学生某一行为问题，为学生寻找个性化学习的创新方法。

独立工作：计划到另一所学校去观摩教师授课，并与之交谈；参与课外活动，为学生举办工作坊，为教育媒体机构撰写文章或博客。

积极主动：批判性地反思自己所教授的课程，不要只是等着别人告诉你如何改进；借助他人的专业知识帮助自己提高，请资深同事观察你的授课，并给予反馈；参加教育会议或活动，参加在线学习（www.tes.co.uk/courses）。

时间管理：提前计划你一年的工作（见前面），利用你节约出来的时间做其他事情（如，创建优质教学资源、提升你的专业知识或参加课外活动），以证明你有能力高效管理时间；开发一个评分和制订计划的系统，使你能够更快地完成这两项活动。

决策：负责规划一个教学单元，然后举例说明你如何选择课程内容，如何安排主题以及如何有效评估学生的学习；批判性地反思你在课堂上所做的决定，并以此为将来的教学决策提供依据（那么，在申请教师职位时，你可以用这些经历来说明你的软实力）。

至此，这一章已经接近尾声。我们的目的是介绍一些在你开始成为一名教师时，你需要做和思考的关键事情，并说明应该如何做，这样你便可以成为一名优秀的实习教师。最后，请思考下列反思性的问题和活动。

■ 反思性问题

- 对于学生、教学和学习，你的假设是什么？如果这些假设被证明是错误的，你会怎么做呢？
- 你能简单总结一下你受训课程的学员需要做什么才能被评为优秀吗？如果没有具体要求，你需要做到什么才能被评为优秀？
- 如果正在为你要教授的学生准备课程，你会选择什么课程呢？为什么呢？
- 课程是否需要一个或一系列教学目标来指导其授课内容？为什么呢？如果是，这些教学目标应该是什么？

- 你在学生时代是什么样子的？你的同学是什么样子的？你认为是什么使得你们变成当时那个样子的？

反思性活动

- 审核你的学科知识，并将其与你将要教授的课程进行比较，确定自己在知识上的优势、劣势和完全空白的区域，想想你能做些什么来提升你的知识水平。
- 观察学习不同课程的学生，观察他们的行为和肢体语言，观察他们如何与他人和教师互动，当然，还要观察他们的学习，考虑学生之间和课程之间的差异性。
- 在培训过程中，向该校的三到四名资深同事请教成功教学的黄金法则，然后，请教他们为什么这些如此重要。尽力理解他们的建议，以便了解他们的教学经验。

第四章
CHAPTER FOUR

了解学生

学生是我们的目标受众，他们就是我们想要帮助的人。他们是教师存在的原因，也是教学目标的主体。学生的情况并不都一样，尽管作为学生这个群体，他们的确有某些共同的特点，随着你的教学经验的日益丰富，你会慢慢发现学生会表现出你熟悉的样子，即使以前你并没有教过他们。这通常是一个信号，表明他们的行为，即他们如何在你的课堂上表现和思考，与你以前教过的学生相似。

与学生合作时，你必须记住一件重要的事情：如果他们的行为不符合你所期望的标准，那么这种行为是不可接受的，而不是学生本人。

这可以总结为一句箴言：关注行为，而不是学生。

用这种方式工作，意味着你不会落入给学生贴标签（以后会更多地贴标签）的陷阱，也不会让学生觉得，在你看来，他们从根本上就是坏的或者错误的。如果你不小心，这个信息很容易被传达出去，那么它有时会无意中影响你在课外的思考。

例如，一名学生可能会在你的课上站起来大喊大叫，然而当你叫她停下来的时候，她会表现出不尊重你的样子。如果你说“你那样做真的很糟糕”或者“只有愚蠢的女孩才做那种事”，这样你就会立即使情况具体化，将学生本人和他们的行为举止联系起来。

如果我们相信我们所做的事与我们是谁密切相关的话，那么改变起来就会非常困难。

因此，我们可以这样说，“这种行为是不可接受的”或者“别再这样做了，我从你身上可以看出，你有能力做得更好”。在这些例子中，我们注意到行为才是我们应该关注的，这给了学生一个机会，让他们认识到自己的行为与众不同，需要改进。

这样说并不是我们要推卸责任，事实上，恰恰相反。如果我们声明行为是问题所在，那么我们也表明这种行为是一种由学生做出选择的结果。另外，如果我们不知不觉中把学生描述为问题，那么我们实际上是在暗示指责他们是徒劳的，因为责怪一个人做了他情不自禁的事情，是不合逻辑的。

我在这一章的开头提到了这一点，因为这是一种思维方式，它清楚地阐明了我们下面观点的基本原则。这些原则是：

- 所有的学生都是独具特点的个体。
- 所有学生都具有学习、成长、变化和发展的内在能力。
- 所有的学生都需要在教师的帮助下知晓社会中普遍存在的规范准则。
- 所有的学生都将会因为教师始终如一地坚持高要求而受益。
- 所有的学生都会犯错误，但这也是我们学习进步的最重要的方式之一。

■ 有效行为课堂管理

对许多实习教师来说，课堂管理是一个大问题，这是可以理解的。高质量的教学、学习效果与良好的课堂管理之间的联系是不言而喻的，学习者需要一个稳定、积极的环境才能取得进步。如果做不到这一点就会产生问题，因为混乱的课堂会阻碍学生进步。

因此，如果你想成为一名优秀的实习教师，就需要有能力在课堂上营造一个良好的氛围，换句话说，你需要精通课堂管理之道。

任何人都能做到，有效行为管理是所有人都可以做到的，它并非只有魅力超凡的教师或超级严厉的监工才能做到。

我们将在第十章更加详细地研究行为管理的全部内容。在这里，我想请大家思考，如何理解学生能够帮助你营造一种积极的、有益的氛围。

首先要考虑的是你与学生之间的互动。试着问自己，当你走进教室，通过这节课，他们会看到什么？听到什么？他们会看到一个有组织、有准备、有控制能力的教师吗？他们会听到教师愉快地说出对他们的期望，而且在实现之前不会动摇吗？

学生能够对各种积极正面的信息做出积极的反应，比如，你准备好教授一门精心计划的课程，并且教学方式会使得所有学生都受益。但是另一方面，如果他们看到你没有做好准备，条理紊乱，或者不知道你在做什么，以及为什么要这样做，很多学生就会做出消极的反应。

这并不意味着掌握课堂管理的唯一方法就是把每件事都做好，远非如此。但这确实意味着，如果你认真准备，行为举止专业化，你将受益匪浅。

课前的准备工作并不复杂，它包括在前一天晚上复印好教学资料，提前到达教室（在任何情况下只要条件允许），准备好预备活动，以及尽快记住学生的名字。

其次要考虑的是怎样才能使学生积极地看待你和你的课程。这包括前面提到的一切，以及与学生保持良好的沟通和清晰的界限，有礼貌，保持积极乐观的态度，对学生的所知所想表现出兴趣，计划有趣的活动和问题，给学生一定的选择权掌控自己的学习，而不是以贬低或高人一等的态度对待他们。

所有这些都表明了是什么让人们感觉良好，没有什么大秘密，这在很大程度上是通过满足学生的需求和期望来培养良好的师生关系。

一个恰当的例子可以说明这一点。许多学生在你第一次询问他们的时候会告诉你，他们想在课堂上玩得开心，想做他们想做的事。然而，如果不断逼问，几乎所有这些学生都会承认，说实话，这并非他们日复一日、周复一周想要的，事实上，大多数学生都想要努力学习并获得成功。大多数学生都会公开承认，他们希望教师能够营造出一个以学习为中心、专注且有益的氛围并激发出他们的学习动机。

为了进一步说明这一点，可以尝试在两堂课中观察同一名学生。其中一堂课的课堂氛围很好，有益于学习，而另一堂课则纪律混乱需要改进。你会发现这名学生在两个课堂上的表现判若两人，他会认为在第一堂课上比在第二堂课上收获更多，学习体验更好。

■ 差异化的动机和动力

如果你想帮助他们取得最大的进步，关键是要认识到所有的学生都有学习动机及不同程度的动力。

人是主体而不是客体。我们受思想和感情的驱使去做事情。这与物体形成鲜明对比，例如岩石，它们没有意识驱使来行动。

人类有许多的动机。有些是我们日常熟悉的——爱情、贪婪、对地位的渴望，而有些则是在文学和影视作品中才会遇到的——痴迷、狂妄自大以及大英雄拯救宇宙，等等。

我们都有动机。其中一些是显而易见的，其他的则可能隐藏在表面之下。通常情况下，我们并不会注意驱动我们采取行动的动机，但有时我们会发现它们，并运用我们的力量去实现我们的渴望。

动力在很大程度上受动机的影响。如果我们有强烈的动机，那么就很可能去做某些事情。例如，如果一位学生的动机是成为一名医生，那么他在课堂上和在家表现出的动力一定能证明这一点。同样地，一名很小的孩子，她不停地尝试扶着靠背椅自己站起来，最后，她终于能够不扶椅子自己站起来了，这个孩子希望站起来的动机激发了她的这种行为。

所有的学生都是主体。所有的学生都有动机，这些动机决定了他们的动力大小。

作为一名实习教师，思考这个事实将有助于你理解学生所处的位置。而且，这会让你更好地了解如何激励学生，以及在你的课堂中，你能做些什么来帮助他们实现目标。

另外，你可能会发现学生缺少学习或理想的动机。如果发现了这种情况（毫无疑问，你会经常发现），你就需要采取行动。比如，寻找新的方法来激励学生，或者与他们谈论他们应该拥有什么样的动机，并将这些与他们在学校的学习情况联系起来，做后者的原因是要帮助学生们看到努力学习和竭尽全力是如何帮助他们实现自己的目标的（即使他们还没有意识到这一事实）。

意识到动机的重要性也能帮助教师从学生的角度进行思考，这样，你就可以分析你所看到的学生的行为，并且思考改变或强化它的最佳方式。

例如，让我们想象一个经常在课堂上大声喊叫的孩子。下课后，我们坐下来思考这种行为背后的动机是什么。我们想知道，呼喊到底能达到什么目的，它是如何改变课堂氛围的？

我们可能会得出这样的理论：大声喊叫能够引起全班的关注，并且显得自己很能。我们可以这样处理，教师可以把有问题的孩子放到班级的最前面，并在教学任务开始的时候和他一起工作，这将有助于满足学生渴望得到关注的动机，而且学生的表现要比现在的情况积极得多。

当谈及动力时，我们需要考虑的另一点是内在动力和外在动力的区别，前者与学生内在思想情感有关联，而后者因受到外部事物的刺激启迪而产生。

外在动力包括获得奖金或者奖励。虽然这些奖励目标往往是有价值的，然而，目标一旦达成，动力往往会显著降低。更糟糕的是，在未来实现同样目标的动力会一次又一次地降低。因为这个原因，外部动力往往不能持续很长时间。

内在动力却完全不同。它与我们内在目标的实现密切相关，是我们自身不可分割的一部分。例如，一名学生产生努力学习的愿望，因为他认为努力学习对他本人非常重要（内在动力）。因此，他努力学习的行为，既强化他认为学习对他本人非常重要这一概念，又帮助他们实践了这一信念。

由于上述原因，内在动力往往更强大，更持久，然而它也更难培养。

要想成为一名优秀的实习教师，我建议你尝试一下外在动力和内在动力相结合的方式，这样你就能看到显著的效果。然后，你可以在自己的课堂上培养学生的内在动力。

要做到这一点，最简单的方法是与学生建立融洽的关系，向他们表达你对他们的期望，并不断强化这样一个信息，即每个人都可以通过努力和听取反馈来学习和进步。通过这种方式行事将有助于建立一种文化，在这种文化中，你的学生将这些信息内在化——当他们在努力实现对于自己以及自己的学习能力的期望的时候，他们也培养了自己的内在动力。

当然，这需要时间，但如前所述，效果将是极为显著的，特别是与通过提供奖品或奖励而获得的暂时效果相比。

■ 因材施教

这听起来很难，尤其是当你刚开始教授一个班级或多个不同的班级的时候。

在你面前有30张脸，这会让人望而生畏。即使不是这样，你仍然会发现自己处在这样的情况中，大量的信息向你涌来，你无法完全地一一记住（姓名、面孔、行为、先前学习的情况等）。

在这种情况下，通常的做法是把你的班级看作一个整体，或者是不同的群体（安静的、吵闹的、学习比较好的）。这种方式我们都很熟悉：尽量找到多种方法来记住更多的信息。

你会注意到，从本质上讲，将班级划分为不同的群体，是一种粗略的分类尝试，这更普遍地反映了人类思想的一个核心，即当我们遇到新事物时，总试图通过看它是否符合我们现有的分类来理解。说句题外话，哲学家们认为概念和范畴是构成我们思想的基础，二者也都是我们思想赖以存在的基础的必要组成部分。抱歉！我离题了。

我们的目标是成为一名优秀的实习教师，重要的是首先我们要意识到存在如下的可能性——我们没有把所有的学生都视为独立的个体，我们需要努力纠正这种错误。这样做会带来很多好处。

如果你把每个学生都看作独立的个体，那么你和学生之间的关系就会更好。你就能够很有针对性地与他们交谈，你很容易记住他们是谁，他们的学习情况如何，这对他们而言很重要。

将学生视为个体意味着，无论是在一般情况下还是在特定的某种学习情况下，教师都能够清楚地了解学生的学习情况。这些信息可以使你调整教学，以便更好地满足他们的需要。例如，如果你知道某个学生在面对一篇文章时很难开始，那么你就可以据此采取行动来帮助他。更妙的是，如果你明白了学生为某个特定的原因而挣扎，你就可以更精确地为他提供帮助。

让我们回到动机和动力的主题上来，把学生看作独立的个体，有助于你更好地理解他们性格的这两个方面。掌握了关于学生个人动机和动力的准确、具体的信息，你就会比只掌握适用于整个班级的模糊的、没有区别的信息，处于更为有利的地位。

我们都认为自己很重要，这并不意味着我们都需要成为关注的焦点。感觉重要在很大程度上来源于感觉被关注了，被关注的感觉意味着我们认为别人把我们看成是一个人、一个独立的个体。记住学生的名字，努力了解学生先前学过的知识，注意学生的性格特点，所有这些都能帮助你将学生视为独立的个体。由此，你可以告诉学生你认为他们很重要，这是非常激励人心的。

在我们继续之前，先简单地提个醒。当你在接受实习培训的时候，你和学生相处的时间会比你成为真正的教师后少，这意味着你可能没有那么多的机会去了解每一位学生。

有以下三种方法可以解决这个难题：

首先，从其他渠道获得你将要教授的班级的信息，其中包括哪些教师以前教过他们，如果合适的话，向他们的班主任了解情况，也可以登录系统查看学生的相关记录和报告（通常在SIMS上，SIMS是一种无须数据格式转换，直接访问多种数据格式的高级空间数据集成技术）、特殊教育需求（SEN）登记册（由特殊教育需求协调员维护或者特殊教育需要统筹主任SENCO）和任何其他内部记录。

其次，当你观摩你将要接手的班级的课程时，要把这当作一个观察学生、与学生互动的好机会。从你走进教室起，就开始收集信息，观察学生的行为并且记住他们的名字。在班级进行活动期间，你可以在房间里来回走动，为学生们提供帮助，询问授课教师是否有哪位学生需要你和他一起学习。观察授课教师如何与学生们互动，观察他为不同的学生都提供什么样的帮助和支持。

最后，观察学生们正在学习的内容。内容多少和难易程度将根据学期、学习的主题以及学生的年龄而定，不过，我想说的是，你总会看到学生们取得的进步。不信仔细查看一下，看看这是否符合你一开始建立起来的认知。对于书面作业，问问自己它是否与学生的口头作业相匹配。把不同学生的作业进行对比，并以此作为一种方法，来分析个体学生相对于其他同龄人的学习情况。

你做出的种种努力——了解学生的姓名、需求、能力和性格等信息，在你初次授课时非常重要，它能帮助你更快地将他们视为独立的个体。

这也与优秀教师在每次授课和评分时所做的一项工作相呼应：收集学生的学习信息。这些信息可以用来帮助指导教学，使其具有更高的相关性和更具个性化。

■ 边界：师生关系

刚开始成为一名教师的时候，记住你是这个教室里的专业人员这一点是很重要的。你和学生的关系应该是友好的，但绝不能成为他们的朋友，这很好地说明了在保持职业距离的同时营造积极氛围的重要性。

设定边界是你培养人际关系的重要方法，这些边界应该由你而非其他人来设定。无论你设定了什么样的边界，都要预料到学生会去测试它们。这就是孩子们的天性！这就是他们在学校广泛学习的一部分。提前考虑当学生打破边界时，你会如何应对。例如，如果你在教学中要求学生保持安静，而这时有的学生开始说话，你会怎么做呢？提前演练对这类情况的反应是很好的办法，因为这会在必要的时候给你信心使你变得坚定和自信，也可以帮助你避免变得慌张，减少因课堂骚乱导致情绪失控的可能性。

人际关系会随着时间的推移而不断发展，因此，当你越了解你的学生，你的教学就变得越发容易。我们在上文提到了一些可以加速过程的方法。

要想成为一名杰出的实习教师，你需要建立和谐的人际关系，这种关系通常取决于下面一些关键问题。

首先是热情，因为它会感染人。如果你表现得很热情，你的学生就会注意到这一点并做出积极的反应。热情可以从你的肢体语言、你的声音中传达出来，它还可以通过你设计的课程表达出来。

其次是礼仪、礼貌和幽默。这些是所有事业取得成功的法宝。正如我们在第一章中所提到的，教学在很大程度上是一项社会事业，它在很大程度上取决于课堂上发生的互动。

最后是组织和目标感。学生来上课时都希望与他们以前熟悉的学习体验一致，也就是说，在大多数学校里，每门课都有一个明确的教学目标，即把学生以前学过的知识联系起来，并且引入新的理念或信息。你不能因为自己是实习教师就放松对自己的要求，因为对于大多数学生来说，某一个概念可能很难理解（他们可能知道这个词的意思，但由于缺乏更广泛的经验，理解可能会很困难）。目标赋予课程驱动力和意义，这对学生来说很有吸引力。学生会觉得他们所做的事情本身就是有价值的，而不仅仅是为了一个教学目的而刻意为之。

另外，大多数良好的关系都具有一致性这样的特点（尽管有时也会因自发地破裂），它有助于我们知道自己在某人心目中的位置，它使我们合理而又准确地预测未来。对于学生来说，它使得他们可以取得教师要求的成功。这是因为学生们逐渐了解你的期望值、边界和工作方式，这样他们就可以调整自己的行为以适应这些。

缺乏一致性特点的教师会给学生带来很多问题，导致师生关系恶化，使得双方都有挫败感。这种挫败感源于这样一个事实——教师和学生都觉得自己的期望没有得到满足。

通过简单的建立融洽关系的技巧，你可以加快发展积极的关系。其中包括以下技巧：

- 快速记住学生的名字。如果这对你来说有些困难，可以让学生制作他们的名片，摆放在课桌前。

- 说话时请用“我们”不要用“你和他们”，例如，这节课我们要学习庞贝古城发生的事情，而不是这节课你们将会看到在庞贝古城所发生的一切。
- 给予真诚、具体的表扬，表扬学生做得好的事情。
- 感谢学生的解答、贡献和努力，在授课结束时感谢全班同学。
- 在上课前问候学生，如果可能的话，把课本放在讲桌上，在黑板上写下设计好的预备活动，然后站在门口欢迎学生进入教室。
- 从一开始就明确你的目标，并坚持下去。
- 在课程设计中给学生提供成功的机会，其中包括明确成功标准和展示成功的范本。
- 向学生提问，聆听他们的答案。
- 当他们做出不恰当的行为时，关注行为而不是学生。
- 将课程设计得富有趣味性，让学习者发挥主导作用。
- 制订课程计划时要给所有的学生增加困难和挑战。
- 保持积极和热情的态度（即使你不喜欢）。

■ “期望”起到相互性作用

你对学生所表达的期望会对他们如何看待你、他们自己以及他们的学习产生深远的影响，在任何时候教师都应该对学生充满期望，即你认为学生有能力达到什么高度，以及你希望他们如何与你和其他同学进行互动。

优秀的实习教师带着一种紧迫感走进课堂，这可以理解为：通过他们所设计的课程和他们的授课，要使得学生收获很多。每位实习教师都将面临这一挑战，并且通过努力和持之以恒的坚持取得好成绩。

为了表明高期望对学生的重要性，让我们来想象一下期望值很低的班级是什么样子。

在这里，教师很容易满足，学生没有太多想要达到的目标、缺乏上进心，学习拖沓没有目标。在这样的班级里上课，学生常常会昏昏欲睡，甚至极度沮丧。

在开始授课之前，你应该认真思考你对他们的期望是什么，这样，在开始沟通之前，你就可以完善和明确你对学生的期望与要求。

一个中肯的建议是你要考虑学生学习的过程，而非结果。期望所有的学生都能得A，这个前提通常是愚蠢的。在绝大多数情况下，这种做法或类似做法都是不可行的。你的出发点虽然是好的，但可能会适得其反。

相反，如果我们着眼于学习过程，就会发现自己处于一个更为有利的情况下，前提是我们期望所有的学生从课程开始到结束都要努力学习。不管学生之前取得了什么成就，这都是他们能够达到的期望。在这种情况下，过程就意味着努力。

另一个例子是期望所有学生在遇到问题时都不会放弃。首先，他们需要尝试着去解决这个问题，或者可以采取两三个他们以前学过的策略。同样，这也是一个过程，而非结果。我们并不期望所有的学生都能解决自己遇到的所有问题，但是，希望他们努力尝试，应用自己所学的知识和对知识的理解来解决遇到的问题。

你可以采用多种方式向学生表达你的期望。

首先，你可以明确地告诉他们你的要求，为什么这很重要，以及他们如何达到这些要求。其次，你可以通过表扬学生正面的行为和思想促使他们达到或超过你的预期。这将会强化学生的正面行为或思想，如果是公开进行的，还可以为其他学生树立榜样。最后，你可以通过你的肢体语言、设计的课程、提出的问题以及你在课堂上指导学习的方式不动声色地做到这一点。

此外，你还应该意识到，有时学生在课堂上会对他们自己、他们的学习以及他们与你的关系有消极的想法，你需要帮助他们打消这些想法。例如，一名学生在谈论自己和学习时不断贬低自己的能力，如果是这样，教师就应该用正面的语言来转述学生的这些话，给他们提供积极的词汇来表达想法，这将有助于改变他们的思维方式。

总而言之，你的期望是通过你在课堂上所做的每一件事、你计划的课程，甚至你给学生的分数来传达的。关注它们，意识到不断强化它们的重要性，这将有助于你脱颖而出。在这个过程中，它将帮助学生取得进步，使他们走得更远，取得更大的进步，让他们相信自己和自己的潜力。

■ 给学生贴标签还是把他们当作一张白纸

在本章结束前，我们最后要解决一个比上述问题略小，但却仍然重要的问题。

贴标签是这样一个过程，我们常常把某类特征与某些个体或群体联系起来。我们经常在媒体上看到它，且我们中的大多数人在日常生活中都会这么做。穿过小镇时，我们可能会看到一群穿着连帽衫的年轻人，几乎是不由自主地我们就给他们贴上了“潜在威胁”的标签。报纸可能会在政客的名字前反复使用某一个形容词，在这个过程中就给他们贴上了标签，并根据这个词来描述他们，例如，面红耳赤的埃德（Red Ed，埃德·米利班德）。

贴标签的危害在于，它将某种身份（通常是负面的）加在有问题的群体或个人身上，反过来，又使我们通过这个标签来看待他们，这样，我们就无法客观地看待他们。更重要的是，我们开始根据标签的含义来对待他们，而不是根据我们与他们互动的事实。

由此，想象一位学生被教师贴上总是捣乱的标签，这种标签可能来源于以往的事实。但这些只是学生的不良行为，而非学生的本质自我，在这种情况下，给学生贴上捣乱的标签使得他们更难改变自己的行为。教师给学生贴上这个标签的过程，就已经把他能改过自新的可能性一笔勾销了。更有甚者，教师会通过标签来看待有问题的学生，反倒是负面强化了学生的不良行为。

因此，尽可能避免给学生贴标签是很重要的，而且教师需要关注学生的行为。如果有必要，请关注学生需要做些什么来改变这种行为。

这种方法的推论是，你应该试着把每一堂课都当作一张白纸。当学生来到你的课堂上时，给他们重新开始的机会，不要在他们一进教室时就根据他们先前的行为给他们贴上标签。

关于这一个问题有两点需要注意。首先，如果先前的行为是不可接受的，而且尚未得到处理，把每一堂课都当作一张白纸是不可能的。在这种情况下，首要目标是处理学生先前的不良行为，以证明任何不良行为都是要承担后果的。

其次，我并不是说你应该忘记在以前课堂中所发生的事情，相反，除非你给学生一个机会让他们可以表现得比以前更好，否则他们很难做出任何改变。

这一章就此接近尾声，接下来是反思性问题和反思性活动，每一个问题和活动都将帮助你进一步思考如何才能更好地理解你的学生。

■ 反思性问题

- 作为一名学生，你的感觉如何？作为一个学生，你有什么回忆？你的经历和别人有什么不同？
- 我们是否有责任把彼此视为个体？为什么呢？
- 你对自己的期望在多大程度上限制了你能力的发展？期望在学习中起了非常重要的作用，你赞同吗？为什么？
- 你行为的动机是什么？你认为动力与人们拥有的动机或欲望直接相关吗？学生会拥有动机或欲望吗？或者换一个词是否更合适？
- 你求学时和教师的关系怎么样？这些对你有什么影响？

■ 反思性活动

- 当你实习时，请仔细观察你的同事，注意他们如何与学生建立和维持融洽的关系。记下你看到的同事们使用的技巧，并反思如果自己使用这些技巧，是否会觉得很舒服。
- 在你实习的学校里走走，注意观察学校对学生的期望是什么。浏览一下宣传栏，看一看教室，了解一下教学楼。然后，考虑一下在这样的环境中每周待30多个小时会对人有什么影响。
- 阅读一份报纸，看看你能辨认出哪些标签。找出那些贴在个人和团体上的标签，问问自己，这些标签是如何影响你对当事人的看法的。然后，继续思考贴标签的过程，对于你熟识的学生，无论是教他们，还是在课堂上观察他们的时候，会产生什么影响。

第五章

CHAPTER FIVE

课程分析

在本章中，我们将探讨课程。教与学的过程主要发生在课堂上，由此可见，课程结构——如何规划和设计课程，会影响教师的授课和学生的学习效果。

课程的形式和规模各不相同，但总的来说，它们很相似。教学目的通常由老师设定，它决定了课程结构。它可以分解为几个部分，这样更有助于帮助学生学习。在理想情况下，课程会越学越难，这可以促使学生更加努力地学习和思考，从而取得最大进步。

在这里，我们将讨论课程的各个重要组成部分，并进行分析，提供真实案例。

■ 课程结构三要素

我们可以把课程想象成一个故事，它们需要有开头、中间和结尾，这三个要素共同构成了一门课程的结构。

以这种方式来构想课程是有益的，原因有二。首先，它使我们牢记：我们有一个总体目标，这通常会增加学生的知识和理解力，或者提高学生做某件事的实践能力。

其次，讲故事就像旅行。学习本质上也是一次旅行，当我们学习的时候，我们从已有能力的起点出发，当学习结束的时候，我们到达终点，此时我们发现自己的能力明显得到了提升。

因此，在做课程计划时，你应该始终牢记你的教学目的。提醒自己，心中要有一个终点，即你希望你的学生所能做到或知道的，唯有如此，才能确保你的课程结构会帮助学生达到所设定的教学目的。不考虑最终的教学效果，就意味着课程有偏离教学目标的风险。

换言之，课程结构应该服从于教学目标。当计划一节课的时候，要牢记，计划只是你确保学生达到教学目标的一种方式。

因此，课程结构本身不是教学目的，而是一种教学手段。它是一个框架，通过它学习可以发生，课程结构并非学习本身，这是显而易见的。然而，新教师最常见的误区之一是追求完美。在计划课程时，他们想做到完美无缺，其实这是不可能的，没有一节课是完美的，没有一节课仅仅通过做出课程计划，就可以确保避免所有错误。

追求完美是可以理解的，其目的值得嘉许，即教师渴望教授对学生有益的知识。但是这其实会适得其反，而且不切实际，这会使你在授课计划中更加关注课程结构，而非学生的学习。

因为你无法事先计划学生的学习情况，你只能计划要教什么，以及预期这会如何激励学生的学习。

因此，我们找到了症结所在。任何课程计划都有瑕疵，因为实际上，它无法将学生的真实学习情况考虑在内。只有当我们真正授课时，学习才会发生。因此，完美的课程结构只是教师自己的幻想，在授课之前，我们无法知道学生对授课内容会做什么反应。

在规划课程时，最好的建议是时刻牢记你的最终目标，并不断询问自己，你所设计的课程结构是否最有利于学生实现这一学习目标。如果答案是肯定的，你就成功了。如果答案是否定的，你可以进一步修正。不管怎样，学生的学习效果，而非完美的课程设计，才是你不断思考的动力。

■ 计划性教学目的

上述内容包含这样一个观点，即优质课程都有明确的教学目的。广义而言，该教学目的应该永远会使得学习效果最佳。具体而言，这取决于教师教授的内容和对象。

例如，如果要为七年级的宗教研究课程设计一节课，我们的总体目标是使学生学习效果最佳，而我们的具体目标可能是增加他们对佛教知识的理解。

我们可以看到，所有的课程都有相同的目标，但表现形式并非完全相同。教授A等级学生的体育教师和教授三年级学生的教师，他们教学目标相同，即当他们各自制订课程计划时，都希望学生学习效果最佳。但这个目标的表现形式却有不同，必须适合不同的年龄段和课程类型。

如果制订课程计划时没有明确的目标，你就会遇到困难。首先是教学没有方向，其次是缺乏标准来判断你正在建构的内容是否有效。

下面的例子可以说明这一点。一位教授六年级读写课程的教师在制订教学计划时，想要围绕句子结构来展开计划，但却没有清楚的教学目的。他会发现各种想法都同时出现在脑海中，其原因就是教学目标尚未明确。此外，教师缺乏对于教学的评判标准，因此也无法判断每一个想法是否对教学有用。而且，这些标准没有具体说明，或者太过模糊，因此也没有多大用处。

相反，另一位教师教学目的明确，他让学生练习如何将语法规则应用于多个不同的段落和句子中，然后再设计语法题目，来测试学生是否已经掌握。

显然，第二位教师能够引领学生实现教学目的。他在计划过程中所做的每一个决定都可以根据如下标准进行判断——学生是否达到教师设定的学习目标。

上面的对比事例说明了我们在制订授课计划之前，定义并明确课程的目的益处显著。实际上，我们可以研究各种可供选择的方案，最终选定一种，然后用它来指导我们所做的其他所有事情。

它有助于实现我们设定的目标，即实现我们的教学目标。

简言之，将学习收效最大化的总体目标转变为与学生和课程相关的极为具体的目标，会使得我们有明确的教学目的。它表明我们授课计划中的所有决定，可以帮助我们调整课程结构，实现教学目的。

因此，制订课程计划的黄金法则是首先从明确你的教学目的开始。

■ 课程目标、教学目标和教学效果

你设定的教学目的应该对教师授课和学生学习都有指导作用，它是制订授课计划的动力，通过它你可以审视自己的教学。

除此之外，你还要详细说明其他的教学指导原则，其中一些你需要与学生分享，另外一些则不必。

在教学这个领域你最常遇到的三个词是课程目标、教学目标和教学效果，作为一名实习教师，这三者之间的区别让你很难把握，因为它们的差异不大。你可以把它们看作是程度上的差异，而非不同类别的差异。

为了帮助你制订计划，下面我要介绍一组清晰的定义。

课程目的：如上所述，这就是你想要达到的总体授课目标，它是你课程的终点，即你最终要带学生到达的地方。

课程目标：它是构成课程目的的具体内容。例如，你可以把课程目的分解成三个目标。如果这些课程目标实现了，那么课程目的也就达到了。

教学目标：这是你希望学生在课程结束时能够做到的事情，这是你和他们的共同目标。通常它就是你最终的授课目的，为了方便学生理解，你需要采用他们容易理解的语言来表述。

教学效果：这是学生在课程结束时能够完成的事情。如果他们能做到这些，他们就完成了学习目标，达到教学目的与教学目标的要求，学习效果会因人而异（有的学得好，有的学得差）。

那么，是不是有点让人摸不着头脑！

我开个小玩笑！从上面的定义中，你可以看到，每一项之间都有质的区别。随着教学管理的发展，教学术语大量出现，它们都有各自的演变历史，但就讨论教学而言，并没有什么用处。

我只想说，在制订课程计划时：

- 明确教学目的；
- 把教学目的分解成一系列的教学目标；
- 制订授课计划；
- 撰写一个学生能够理解的学习目标；

- 最后，考虑一下如果学生在学习中取得了巨大的成功、相当大的成功和适度的成功，你希望分别看到什么样的教学效果。

你会注意到，我主张在制订课程计划之后，写下教学目标和教学效果。这样课程目的就可以来引导教学，正如我们上面提到的，该目标与你想要达到的学习目标是紧密相连的。试图设计出一门课程，它要同时与教学目的、一系列教学目标和教学效果相吻合，这种情况几乎是不可能的。因为你需要满足的东西太多了，它阻碍了你的创造力。

相反，根据你的课程目的开展教学。当你制订课程计划时，观察一下它会产生什么样的教学目标和效果，要知道这些目标和效果是足够的，因为所有的教学计划都是由你最初指定的目标驱动的。

■ 内化授课内容

现在，我们来探讨授课内容，然后继续研究构成教学计划的要素：预备活动、教学活动和复习总结。

如前所述，授课内容在很大程度上取决于我们所教授的课程内容，以及学生之前所学习的内容。

对于单独的一节课，我们应该考虑如下问题。

- 学生已经学过什么内容？
- 在这一单元里，他们还需要学习什么内容？
- 这与总体课程有何关系？
- 他们对这一话题已经了解多少？
- 在一个理想状况下，我希望他们知道、理解和能够做什么？

这些问题将帮助你明确在制订授课计划时，应该包括哪些内容。在制订计划时，你可以不时地使用上述问题作为有用的工具。随着时间的推移，你会逐渐内化它们，并能够随心所欲地回忆它们。

作为一名实习教师，你可能会被要求讲授现有课程的某一部分。

授课计划，顾名思义，是指一段较长时间内，教师计划的一系列课程内容，时间可能是两周、一个学期或更长。

要想教好课，我们需要做的第一件事就是掌握现有的、与我们即将教授班级相关的授课计划。这样，我们可以很快了解学生已经学过了什么（因此，我们可以预测他们还需要知道和理解什么），以及教师设想他们下一步还需要学什么。

我们需要做的第二件事是将授课计划与总体课程体系相比较。你一定还记得该体系是由政府、考试委员会或学校制定的，通过比较，我们可以了解当前的课程，包括我们正在制订计划和正在教授的课程，是如何与总体课程体系融为一体的。

了解上述内容会使我们更容易理解，哪些内容与我们正在制订计划的课程相关，以及我们是否可以将学生已经知道的和他们将要学习的内容联系起来。

当谈到授课内容时，了解需要教什么、为什么需要教，以及如何将新内容与课程的其他部分联系起来等更为专业的知识，总能让你比没有这些信息时做出更好的决定。

在我们继续探讨其他内容之前，还有几点需要考虑。

第一，如果你非常明确课程的目的，就能很好地理解授课内容。因为如果学生想要成功地达到这一目的，他们必须学习具体的内容。

第二，你需要一段时间才能准确理解一节课到底应该包含多少内容。我知道这可能不是你想听的！然而，对于到底需要多长时间并无定论。

在制订教学计划和开展教学的过程中，你对教学的理解也会不断加课。慢慢地，你就能够评估对学生而言，教学内容是否太多、太少，或者正好。你可以通过积极关注课堂上发生的一切，通过观察教学内容对学生的影响，以及在课后花一点时间进行教学反思（更多内容见下文），来加快这一进程。

最后一点，授课内容开始简单，然后难度不断增加，这种做法是值得的。例如，课程伊始，你可以只是向学生介绍一个概念或一条重要的信息。在他们掌握了这些之后，通过引入更多的信息和概念，或者更复杂、需要更深入解释的知识，来增加学习的难度。

学习需要以先前的知识为基础，给学生一个简单的入口意味着，当他们遇到更深入、更广泛、更具体或者更复杂的内容时，他们可以从一个有利的位置来切入。

■ 因内容设计课程框架

因此，授课需要遵循课程目的，它有助于我们做出正确的决策，我们已经选择了我们想要教授的内容，据此，我们正在逐渐形成一个清晰的概念，即这堂课将包括什么内容，我们要讲授什么。换言之，我们要教授的内容逐渐成形。

下一个任务便是我们如何使学生参与到教学中来，以达到我们的目的。即我们如何计划本课各部分的内容，这也是我们和学生在教室里真正要做的事情。

正如你可能已经意识到的，教学需要有一个标准的、广泛使用的课程框架，你需要学习和应用这一框架。它是这样进行的：

- 课堂导入；

- 主要教学活动；
- 复习总结。

在此，我将简要地解释这个框架的工作原理，以及每个要素的构成。下面，对每一个要素我将会举出实例，供你们在教学中尝试。这个框架的前提很简单，它是这样的：

学生在教室就座，教师通过一个容易理解但又具有挑战性的导入活动，介绍课程的主题。这会给学生一个成功的机会，推动他们思考，使他们专注学习。接下来是一个或多个主要教学活动，这些给学生提供了与内容互动的机会，大部分的教与学的活动都是在这个环节进行的。最后，复习总结是强化已学知识的一个重要机会，在这一过程中，教师可以帮助学生反思、回顾和应用他们已学的知识。

主要教学活动通常被认为是一个个活动，这些活动是连续的，并且变得越来越具有挑战性，这确保了学生的思维在整个课程中得到拓展延伸。

其他课程框架也存在，尽管人们普遍认为上述框架很成功，但这种方法并非万能的。尽管如此，这仍是一个有用且简单的方法，如果想成为优秀教师，你就需要熟悉它。

我提出的建议是，从一开始就集中精力掌握授课的这三个要素。随着培训的深入，你对制订教学计划和采用上述三要素授课会越来越有信心，请尝试一下这个框架，并且看看你还可以提出什么其他想法。

这样做会帮助你不断挑战自我，它也会让你更加具有批判性思维，不断深入思考课程计划的本质以及你已经形成的教学技能。

■ 导入性课堂活动

课堂导入活动是指教师引入授课主题的活动。对所有学生而言，这些活动应该既可以理解，但又具有挑战性，其目的是促进学生学习成功，同时也可以促使他们比以往更加深入地思考。

促进学生学习成功是指使学生参与课程学习，并培养其内驱动力，整个课程都需要充满挑战。下面是课堂导入的五个例子：

列出：告诉学生所学课程的主题，让他们列出尽可能多的与之相关的东西，提供时间限制来创造一种紧迫感。给学生设置挑战，让他们把清单上的事情分成一系列的小组，或者选出并证明他们写下的三件最重要的事情。

如果这是答案，它对应的问题可能是什么？告诉学生与本课主题相关的答案。让他们独立思考，或者与学习伙伴一起提出两至三个可能的问题，问题的答案需是课文的主题。给学生提出，让他们解释为什么他们认为你选择了这个特定的答案，或者让他们把所提的问题从最好到最差排序（并提供理由）。

A–Z：学生们成对工作，让他们把字母从A到Z写在一张纸上，你来介绍课文的主题。然后，给学生3～5分钟的时间从字母表中找出与课文主题相关的单词，第一对完成A–Z活动的学生获胜。通过提供一系列的注意事项来给学生设置挑战，例如，至少三个单词必须是概念，或者至少一个字母必须有一个短语而非一个单词与之相关联。

配对讨论：在黑板上展示与主题相关的一个问题或一系列问题，并请学生们与搭档讨论。设定时间限制，要求每个小组的一名成员记下讨论的要点。给学生设置挑战，要求他们从别人的角度讨论问题，或者提出自己的问题。

图像刺激：在黑板上显示与主题相关的醒目或不寻常的图片，让学生安静地观看图片并思考。让他们写下自己的想法，然后与同伴分享。如果可以的话，提出一到两个问题，帮助学生思考图片。给学生设置挑战，让他们猜猜为什么要拍这张照片，之前可能发生了什么，之后可能会发生什么。

正如你会注意到的，每一个活动都会吸引学生的注意力，给他们机会在学习中取得成功，然后设置挑战使他们进一步思考。

试试这些课堂导入活动，看看效果如何！

■ 主要教学活动的异同

主要教学活动差异很大，我们可以把它们看作是装载教学内容的容器。首先你要决定让学生学习什么内容，然后你便可以选择最合适的教学活动。

你做何种决定取决于你所教授的主题、学生的年龄和你自己的教学偏好。

有效的教学活动会给学生提供很多积极参与教学内容的机会，它们具有挑战性，但通过积极的练习也可以学会。而且，它们的设计是有差异的，这意味着，无论学生的能力和之前的学习成绩如何，他们都可以参与活动，并且可以学会。我们将在第七章进一步讨论这些教学活动的差异性，在此，我们只说，这意味着当你制订授课计划和授课时，应该使得所有学生都可以参与并且取得进步。

以下是五个有效教学活动的案例：

拼图游戏：把班级分成五个小组，每个小组都有一个不同的关于课文主题的研究课题。教师提供合适的材料，并设定时间限制。当时间到的时候，每组被编号为1～5。即，第一位学生是1号，第二位是2号，以此类推，然后再组成新的小组。所有1号组合在一起，所有2号组合在一起，以此类推。在新的小组中，学生们轮流教授他们在原来小组中学到的东西。

快速辩论：把全班分成两组，在黑板上写下辩论题目。一组学生支持该观点，而另一组反对该观点。每一组又被分成更小的小组，给学生时间准备辩论的内容。准备时间结束后，重新组合。每组两个人，其中一名学生持赞成观点，另一名学生持反对观点。辩论在2分钟的时间内同时进行，当时间到了，学生们再找一位新的伙伴，进行辩论。这个过程可以重复多次，直到教师认为训练量足够便可以停止。

阶梯式练习：给学生一系列的任务或问题，让他们练习一项技能或应用所学的知识。任务或问题的难度要递增，这就是“阶梯式”的含义。当学生们参与活动时，他们的思维也在不断接受挑战。学生所得分数因人而异，但所有人都会使思维得以扩展。

选项：教授学生与主题相关的内容，并给出多个选项，学生可以通过这些选项对材料做出反应。例如，你可能会花10分钟向学生解释麦克白的行为方式，然后再邀请学生做出不同的解释，或者虚构一个对麦克白的采访，或者从麦克白或另一个关键人物的角度，以第一人称来进行叙述，目的就是允许学生选择一个适合自己水平的教学任务参与课堂教学。

学习—实验—反思：教学生一些与主题相关的内容，然后为他们提供必要的工具或指导来进行实验，验证这些知识。例如，你可以先给学生解释摩擦力的本质，然后再给他们玩具卡车和其他一些平面进行相关实验。之后，引导学生进行反思，反思内容应该集中在学生最初学到的知识和他们在实验中的发现之间的关系上。

每一项活动都可以适用于不同的主题、科目和学生群体，这说明了最初的一点，即有效的教学活动如同一个容器，可以承载不同的教学内容。

■ 课堂尾声：复习总结

复习总结需在授课接近尾声时进行，在理想情况下，5～15分钟为宜，这通常取决于课程的总长度。2小时的课程可能需要15分钟的复习总结，然而35分钟的课则不必！

复习的目的是帮助学生巩固所学知识，这包括对所学知识的反思、运用和质疑。

下面的案例可以说明这一点：

- 找出三个在授课伊始你不知道或不会的，但现在已完全掌握的内容。
- 你如何向一个对你所学主题一无所知的人，解释你今天的学习内容？
- 使用你今天课上所学的知识来回答这些与学习主题相关的问题。

在上面每个案例中，我们都在引导学生思考他们的学习成果，并以某种方式来使用它，这种主动参与有助于强化学生的学习成果，同时也为我们检查学生的学习情况，在出现理解错误时进行干预提供了机会。

此外，你还可以利用你从复习总结中获得的信息来指导你接下来的课程计划。例如，如果在复习过程中，学生难以准确地应用某个具体的概念，那么你可以在下一节课开始时重新对它进行讨论。

复习总结一般分为两大类。其一，在复习过程中，学生反思自己的学习成果（见上面的例1和例2）。其二，在复习过程中，学生应用自己的学习成果（见例2和例3，当然，例2兼跨这两个类别）。

具体使用哪种复习方式取决于你学生的情况以及课程结束时你想达到的教学效果，最中肯的建议是先尝试一下上述方法，看看哪些适合你的教学。

这就是我们的课程计划指南。我们确定好授课目标，以此作为我们决策的基础，确定好授课内容。然后选择一个课堂导入活动，一两个或三个主要教学活动和最后的复习活动。之后，我们明确了教学目标和效果，然后我们就完成了！

■ 教学反思

它是一份优质的授课计划的最后一个要素，需在我们授课之后完成。

教学反思（与其他反思不同，它会使得教师的课程更加精彩）需要我们坐下来，诚实地思考授课过程中所发生的一切，这与我们期望达到的教学效果有何关系，以及我们可以从中学到什么？

通常，实习教师更容易关注他们在教学中遇到的问题。但请记住，诚实的反思意味着客观地看待课堂上所发生的一切——好的、坏的和无关紧要的。

不这样做会影响你的反思效果，因此也会减缓你的进步速度，使你很难成为一名优秀的实习教师。

一个有用的练习方式是从一组问题中随机选择三到四个，然后根据你的反思目的选择问题。这样，你就不必担心自己选择的问题缺乏客观性，因为随机选择已保证了这一点。

下面是一组12个问题，你可以用来进行练习。

1. 在课堂上哪些内容进展顺利，为什么？

2. 课堂上如果你能改变一件事，你会改变什么？为什么呢？

3. 你觉得学生们进步了多少？他们怎么才能进步更大？

4. 你还会使用什么方法？你会适应或者发展这一方法吗？

5. 授课的情况是否与你料想的一样呢？为什么？

6. 你觉得你的教学活动是否成功？它们产生了什么学习效果？

7. 不同群体的学生对这堂课有何反应？你能从中学到什么？

8. 这节课的哪部分与授课计划吻合，哪部分与授课计划相差甚远？你认为为什么会这样？

9. 你在课上做了什么？学生们做了什么？

10. 你所选择的活动如何影响课程的进度和课堂气氛？

11. 你遇到了什么问题？为什么会出现这些问题？

12. 根据授课情况，你会给自己什么样的具体而有建设性的建议？

反思不必是一个漫长的过程，定期反思比偶尔一次的长时反思更为重要。养成定期反思所授课程的习惯至关重要，这可以确保你不断改进，加速你的进步。结果很快就会显现出来，即使一开始只是量变，但是早晚你会看到质的飞跃。

我们以一组问题和三个活动来结束这一章，这些活动将帮助你进一步思考课程和课程计划。

■ 反思性问题

- 你还记得在学校里学过什么课程吗？如果记得的话，你为什么还能记得它们？如果你不记得了，这一定是件坏事吗？

- 为了满足学生的需要，教师应如何修改教学计划呢？如果教师决定修改教学计划，如何确保预期的学习效果？
- 我在前面说过完美的课程是不存在的，你同意吗？是否可能计划一个完美的课程？
- 为什么从学生的角度或从不同层次学生的角度来思考课程计划是有用的？
- 教师能预料到所有学生的学习情况吗？有些情况是偶然发生的吗？这对课程计划有什么影响？

■ 反思性活动

- 观察两三个同事，请他们给你提供一份授课计划，或者至少是一份他们在课堂上计划要做内容的概述，检查一下他们实际授课是否与计划吻合。
- 与另一位实习教师一起计划课程，边走边谈论授课过程。互相问问题，包括为什么做出了某些决定。不要害怕质疑对方或提出替代方案，在练习结束时，反思你们从对方身上学到了什么。
- 建立一个学生小组，邀请他们和你一起计划一节课或一系列课程。告诉他们所授课程的框架，然后请他们告诉你他们认为什么方法好以及原因，这将帮助你了解学生对教学与学习的看法。

第六章

CHAPTER SIX

引导教学法与讲授教学法

在本章中，我们将依据两种主要教学流派的观点，来讨论教师在课堂中的作用，其核心是教师应该是学习的引导者还是学生的指导者。这场辩论由来已久，在某种程度上，分歧主要在于教学和学习的角色定位问题。第一种观点认为，学习应该以学生为中心。第二种观点认为，教师应该成为教学的中心，因为他们知识渊博并且理解力强。

自从学校教育开始以来，这种分歧一直存在，目前尚无明确的答案。

这个问题既是表明分歧存在的证据，也表明了存在不同的观点和教学偏好。我们可以明确的一点是，上述两个观点的绝对化显然都是对教学不利的。

一个只会引导学生的教师会剥夺学生从他那里学习知识和见解的机会，一个只会讲授知识的教师会使学生丧失独立理解和有效实践技能的机会。

至此，你能清楚地理解我的观点吗？

我认为在任何情况下都应该寻求一种平衡，平衡点在哪里，取决于你自己对教与学的看法，以及你所了解的关于学生如何取得进步的证据。

在本章余下的部分，通过对引导和讲授两种方法的分析，以及解释为何两者的结合是更可取的，我将进一步详述我的观点。希望这样可以为你提供一个思考的框架，通过它，你可以反思自己的教学，思考教育应该包括哪些内容等更广泛的观念，并最终决定如何将这两种教学方法结合起来。

■ 引导和讲授二者的区别

让我们从这个简单的问题开始，对此，我们的答案也很简单。引导是指教师设置种种教学情境，学生从中探索各种理念、获取各种知识，他们在学习中占主导地位。讲授是指教师占主导地位，直接教授学生知识，以自己的知识、见解和经验为基础开展教学。

正确地看待这两种教学方法需要将其视为一个不可分割的整体，教师不应该只采用某一种教学方式，而应该将二者有机地结合起来。

在讨论这两种教学方法的使用时，我们要将其视为一个有机的整体。教师应该着重使用哪一种教学方法呢？对我而言，这种问法更加令人愉快，因为我们没有将这两种方法置于对立的位置。这种二元论的观点会导致错误的选择，即你只能选择其中之一。这种观点经常出现在一些文章中，却与教学中的实际经验不符。

我的意思是，教学是一项务实的工作。我们面对的是学生，我们的目标是帮助学生取得最大进步，根据课程计划，我们希望这一切都将成为现实。

授课过程中，我们会根据学生的反应做出调整和改变。我们充分利用已有的各种学习策略、教学活动和技术手段，根据情况，努力实现我们的目标，这就是教学的务实性，这也是非此即彼的二元论观点站不住脚的原因。

优秀的教师从不墨守成规，他们不会不顾一切地坚持自己的立场，他们往往对学习和教学应该包含什么内容有坚定的原则，同时也乐于使用各种手段来达到自己的教学目的。

例如，一位优秀的教师会研究所授课程内容，制订教学计划，确定哪些教学内容需采用讲授方法，哪些内容采用引导方法最佳。然后，在真正授课时，如果实际情况需要，他们还会改变最初的教学计划。

如果你遇到关于引导和讲授两种教学方法的争论，我建议你不要太在意。选择一边而忽略另一边会使你放弃大量的教学工具和方法，而它们在帮助你最大限度实现教学目标方面可能会非常有用。

就像在任何情况下，与其冒险走极端不如采取更温和的方法，这样你会受益更多。

如果你只肯定引导的作用却否定讲授的作用，那就意味着你的学生将永远无法从一个清晰的案例或者你所掌握的专业知识的概念中受益。同样，完全否定引导的作用而只肯定讲授的作用，将会使得学生失去按照自己的情况进行思想交流和培养独立意识的机会。

从这个角度来看，我们就可以理解为什么一个混合的、与教学目的相吻合的方法更可取，它允许教师利用这两种教学方法中明显的优势。与此同时，教师仍有余地选择他们更喜欢的教学方式，然后确定两种方法在教学中所占的比例。

例如，一位既喜欢讲授教学法，又明白引导教学法好处的老师，在授课中可能会把两种方法的使用比例设定为70：30左右，以讲授为主。然而，如果一位教师天生喜欢引导教学法，但同时也意识到，如果不讲授知识，授课效果会大打折扣，那么他可能会越来越多地使用讲授教学法。

所有这些都将我们带回到本章导言中所提到的观点：由你来决定自己的授课偏好。这样，你就能够摸索出一种实用的方法，既满足自己的教学偏好，又可以从使用这两种方法中受益。

为了帮助你做出决定，现在，我将依次介绍每种方法的优点和缺点。

■ 引导教学法的优点和缺点

引导教学法是以学生为主体，教师创造学生起主导作用的教学环境。学生，而非教师，把控学习进程，成为课堂的中心。成功使用引导教学法要求教师具有较高水平的专业知识，原因如下：首先，教师必须能够精心策划一系列教学活动，使学生有效地参与到课堂教学中，并使他们的思维受到挑战。其次，教师必须整堂课不断地给学生提供帮助，使用各种教学技巧，如在教室里来回走动，不断提问，以最大限度地提高学生的参与度，并不动声色地引导学生思考。

引导教学法的三大优点如下：

第一，它鼓励学生积极主动。我所说的主动并不是指学生们站起来在教室里走来走去，相反，主动是指他们在智力上活跃，积极参与老师所要求的学习任务。

第二，它鼓励使用高级思维技能，如分析、综合和评价。因为为了实现教师设定的学习目标，学生需要与所给的教学材料互动，即他们需要完成这些教学活动和任务。也就是说，简单或无挑战性的教学活动将使学生更难成功地进行高级思维活动。

最后，教师能够有效地利用学生的时间。这是因为学生自己，而非教师，将注意力集中在学习上。因此，老师不需要总是站在教室的前面，以吸引每位学生的注意力。相反，他可以在教室里来回走动，在适当的时候给学生提供帮助。这样，他可以引导学生自己学习知识、加深理解，很明显，这比其他情况下的教学更准确高效。

另外，引导教学法有三个最大缺点：

第一，引导教学法的课堂组织松散，不利于学生取得进步。如果教师设计的一系列教学活动对学生而言太过容易，那么就会有学生开始掉队。因此，教学活动需要仔细设计，以确保学生在完成学习内容时不断遇到挑战。此外，还需要考虑整个班级目前的总体水平以及不同层次学生的水平。这就意味着老师需要更加仔细地制订授课计划，以确保它能够满足所有学生，而非一部分学生的学习需求。

第二，在被要求自主完成学习任务时，并非所有的学生都会做出积极的反应，有些人可能觉得学习任务很难，另一些人可能不喜欢自主学习，还有一些人可能觉得不习惯，他们期望教师能像在传统的课堂上那样讲授知识。

第三，在某些情况下，引导教学法不但不合适，甚至会适得其反。有时，学生只需要被告知某些知识，或者仅仅需要知道某一观点是对还是错。例如，在数学课上，老师通常需要教会学生某种运算过程，然后他们才能自己应用它。另一个例子来自英语教学，在主动练习之前，直接教授标点符号的用法，通常比学生必须自己完成所有教学活动更可取。

这些缺点说明，如果使用时不谨慎仔细，或者如果教学内容或材料要求学生必须用心学习，引导教学法往往会遇到问题。在第一种情况下，该方法失去了有效性。在第二种情况下，这种方法的好处非常有限，实际上，与讲授教学法的好处相比微乎其微。

因此，在某些情况下，引导教学法效果很好，尤其是在那些给学生机会主导学习可以获益很多的情况下。它也可能会出现偏差，但通过实践和对细节的关注，往往会带来良好的效果。这通常是一个高效的方法，解放了教师的时间，让他们更有效率。然而，它也的确要求教师对学生进行一定量的培训，或提供一定程度的指导，以确保所有学生都能获得它带来的好处。

简单概述最后一点，我们可以注意到，如果教师教会学生如何主导自己的学习（给他们最初缺乏的工具），或者教会他们如何将所需完成的任务分解为一系列步骤（使学习任务更容易完成），那些认为引导教学法令人生厌的学生也会改变最初的观点。

综上所述，有效的引导教学法需要教师认识到该方法的优、缺点，这样教师就能够发挥和利用前者，从而减轻或避免后者。

■ 讲授教学法的优点和缺点

我们现在来谈谈讲授教学法，它由教师主导。在课堂上，教师是焦点，他教授学生知识和理念，学生学会是最终要达到的结果。但这种学习的发生需要学生关注教师，倾听教师所讲授的知识，完成教师要求的学习任务，以及在教师的指导下认真思考。

有效的讲授需要教师具备高水平的专业知识，这些知识包括两类：首先是专业知识和正确理解，为了有效地指导学生，教师必须对他们所教授的内容很有把握，否则，他们就有可能表述模糊不清，或者教授知识不完整。其次是吸引学生参与学习的教学技巧。缺乏教学技巧会使学生感到无聊和懈怠，这样学生就无法从教师那里学习专业知识，因为他们根本没有注意老师在讲什么。诸如讲故事、举例、提供机会讨论和反思所列举的观点，以及利用不同的媒介来补充演讲，这些技巧都会发挥作用。

指导教学法的三大优点如下：

第一，教师比学生拥有知识更多、理解力更强。在授课过程中，他们可以直接传授学生专业知识，帮助他们学得更快。特别值得一提的是，教师可以通过解释意义、找到知识之间的联系、运用知识、概述要点等方式来帮助学生高效地学习知识，然而，如果所有这些知识的学习都需由学生自己完成的话，那么他们要花费相当长的时间。

第二，在授课过程中，教师可以向学生展示完成某些过程或步骤的正确方法。他们也可以教会学生一种或多种更巧妙的方法来思考某一主题（在此我承认，在很多情况下，正确的方式不止一种），这就是教学模式——最强大的教学技术之一。

它可以包括亲自示范、用语言举例、展示范本和思维过程（即思维过程的模式），等等。

第三，教师可以清楚地阐述、解释和纠正与学习主题相关的常见误解，这有助于学生避开这些错误，并理解其产生的根源。老师可以指导学生思考，帮助他们理解为什么他们总是以某种方式思考，即便有时这会导致错误。

另外，讲授教学法的三大缺点如下：

第一，学生处于被动地位，我所说的被动是指没有积极主动地参与学习过程。学生没有主动学习教师的授课内容，而是被动淹没在授课信息中。这通常有以下两个原因：首先，教师错误地认为人的大脑就像一个桶，他们可以直接将知识倾倒其中，学生自然就能学会、理解。其次，教师可能没有意识到智力活动需要被激发和鼓励。如果只有枯燥乏味的讲授，例如教师滔滔不绝地讲授一个小时，丝毫没有考虑如何改进授课方式，也没有为学生提供积极思考所讲内容的机会，学生的学习效果并不佳。

第二，讲授不能与实践相结合。实践有助于理解力的发展和所学技能的完善，没有它，学习就不可能深入，熟巧程度也不会提升。如果教师只是授课，学生就无法利用所获得的知识进行思考和实践，只有在思考和实践中，学生才能够理解、消化所学知识并评价自己的学习情况。通过这种方法，学生还可以提取、分析新知识，并与旧知识进行比较。因此，没有实践环节的教学只是讲述事实而已，这不是一个行之有效的教学方法。

第三，讲授也可能成为师生摒弃其他教学方法的借口。在这种情况下，师生通常都会这样想：如果我在全班同学面前授课，学生在倾听，我们就不会有任何问题发生了，我们都可以假设学习在正常进行。这种想法会使得师生都备感轻松，大家都不需要付出很多努力，但每个人都可以说他们已经完成了自己的工作任务。这种甘于平庸和扬扬自得的心态，与喜欢引导教学法的教师的下列做法大同小异——他组织了一项活动，让学生独自完成，并且盲目乐观地相信喧闹的课堂本身就是一种学习气氛浓郁的表现。

这些缺点说明，单纯地讲授本身收效甚微，它需要与实践相结合，或者教师需要考虑学生何时以及如何能够积极参与到教学中。关键是要避免诱人但错误的想法，即单纯地讲授就足够了。事实并非如此，这一点对于学习任何知识技能都适用，不仅仅是在课堂上。

以驾驶教练为例。他教学员如何驾驶时，会向他们示范并且讲述必要的知识和技能，与此同时，他也会给学员足够练习驾驶的机会使其积极主动地参与学习。

同样，足球教练指导球员如何防守时，也不会只是讲授技法。相反，在下一场比赛之前，他们为球员提供了大量练习机会，将讲授的内容付诸实践。

■ 以进步为标准

从前两部分你会看到，我一直在使用一种客观公正的观点来讨论讲授和引导两种教学法，概述了它们各自的优、缺点。这样做的原因，其一是对每种教学方法提供一个中立的看法，其二是进一步说明我在本章开始时提出的观点，即将这两种方法组合使用效果更佳。

但是，我们如何决定这种组合中两种教学方法各占多少呢？是否有一种方法可以让我们做出正确判断呢？

也许有方法。如果我们可以接受，正如书中其他章节所建议的那样，进步是我们的教学目标，进步意味着学习收益最大化，那么也许我们可以以此为标准，来断定在每一节课中我们使用两种方法的比例。

那么问题就变成了：哪种比例将使得学生进步最大？

当然，你无法马上完全准确地回答这个问题。在一年或更长时间的培训中，你获得的经验越多，就越有资格回答这个问题。然而，即使是在培训伊始，你也可以根据你的课程内容和你希望学生在课程结束时达到的目标，做出合理的回答。

让我们举例来说明。

在十年级的公民课程中，我们正在为所要讲授的人权问题制订授课计划。在这节课结束时，我们希望学生能够解释什么是人权，阐明自己的观点是否每个人都应该被赋予人权，并评价通过法律保护人权的优、缺点。

这样，我们就可以思考两种教学方法的比例了。

首先，我们注意到学生可能并不完全熟悉人权的概念和历史，因此，这部分应该采用讲授的方式。其次，我们注意到，为了形成自己的观点，学生需要从他们自己的角度来学习材料，并且，在理想情况下，还需要接触其他的观点，这时引导的方式更佳。最后，我们可以看到，为了评价优点和缺点，学生可能需要一些基本的方法指导（例如，教师展示一个思维过程的模式），然后再独立或以小组为单位进行学习。

因此，在这个案例中，通过快速分析希望学生在课程结束时学会什么内容，我们发现两种教学方法比例大约是60%的引导和40%的讲授，这些方法将应用于我们计划学习课程的每个部分，与我们的教学目标紧密联系。

这个案例也展示了如何将进步作为衡量学习效果的普遍标准，应用于具体课程中。要做到这一点，我们首先要确定我们期望的进步是什么——在课程结束时，我们希望学生知道什么或者能够做什么，然后从这一点开始回溯，确定在任何设定的教学内容上引导还是讲授，哪一种方法是更好的选择。

在大多数情况下，我们都会将两种方法结合起来使用。正如上例，如果我们只是使用其中的一种教学方法，学生将不会取得最大的进步，因此，过度依赖其中某一种教学方法可能会妨碍学生尽可能多地学习知识。

■ 引导与讲授结合使用

在此，我会提供更多的实际案例，来说明如何将引导和讲授结合使用。这样做的目的是给你提供一些想法，以便可以应用到你的教学中，增加你的教学经验，给你机会去思考这些案例所展示的学习方法。

讲授—引导—反思：

在这种授课模式下，教师首先会讲授某一个主题的知识，然后在此基础上给予学生自主学习的机会。最后，教师进行教学反思，是否将讲授和引导紧密结合起来。

因此，举例来说，教师可以先向学生解释桥梁的三种最常见的设计，包括对所涉及的思维的分析以及它们继续使用的原因。然后，教师会设计一项教学活动，让学生们使用不同的材料建造桥梁。最后，教师会引导学生进行反思，如何轻松地将教师刚刚讲授的知识应用到他们自己的建筑项目中，以及他们在这一过程中学到了什么。

引导—讲授—反思：

这种方法与前面说的完全相反。这样做的目的是让学生先直接沉浸在所学的主题中，让他们参与进来，并鼓励他们积极地学习。之后，教师指导学生，将他们所发现的知识规范化，同时解决任何对所学知识的误解。

那么在上面造桥的案例中，我们会这样做：首先把造桥的材料提供给学生，请他们建造一种或多种不同类型的桥。之后，我们会采用讲授的方法，告诉他们最常见的桥的类型，并将其与他们自己所造的桥相对照。最后，学生要反思如何展开自己的想法，以及如何在自己的想法与教师解释过的最佳桥梁之间建立联系。

讨论—讲授—积极实践—讲授—重复实践：

课堂上，教师为学生提供一道讨论题，它将之前所学知识与新内容联系起来，教师让他们两人一组进行讨论。讨论结束后，教师进行简短的讲解，介绍新内容，并将它与学生已有知识联系起来。然后，教师设计教学活动，学生们使用教师讲授的主要知识进行练习。

当进行教学活动时，教师在教室里来回走动，观察和倾听学生的情况，然后把全班同学召集起来，解释他们所看到和听到的到底是什么。与此同时，教师还会提出建议，并为学生提供模仿的范本，教会他们如何改进正在实践的内容。然后活动继续，这一次，学生需要根据刚才教师的讲解进行练习。

活动—活动—活动—教师主导的复习巩固：

这个模式更倾向于引导教学法。老师设计了一系列的三步教学活动，每一个都比上一个更具挑战性，学生们将在这些活动的引导下完成自己的学习。例如，在教学活动的第一步，学生必须阅读，然后讨论一系列与所学主题相关的资料。接下来，学生们将被要求撰写一份报告，重点关注资料内容的准确性和可靠性。最后，学生需要根据他们从资料中收集到的信息对主题进行阐释。

之后，教学重点回到讲授教学法，教师通过对资料来源的分析和评价进行总结。在此过程中，学生需要反思和思考他们是如何进行调查的，以及他们在多大程度上达到了教师要求的标准。

教师讲授—活动—教师讲授—活动：

这是一个在世界各地的许多课堂上都能看到的经典授课模式。课程伊始，教师先向学生讲授与主题相关的知识或概念，然后让学生做一项活动来应用教师刚刚讲授的内容。在活动中，教师通常在教室里来回走动，提问问题，提供进一步的模式或者澄清对某一知识的误解。

第一个教学活动结束后，教师讲授新的知识或概念，这次的教学内容比第一次更具挑战性。接着，学生进行第二个教学活动。此时教师再次在教室来回走动，以推动学生思考，并且为那些可能遇到困难的学生提供帮助。

这五个教学模式适用于任何科目和任何年龄段的教学。在我前面的解释中，你可以体会出它们各有其优点。将它们纳入你的课程计划，并体会它们在课堂教学中的作用。不断反思你的教学经验，你就会逐渐发展出一种正确的意识，即何时何地应该优先使用讲授教学法还是引导教学法。

■ 建立一个教学模式

最后，我建议你建立一个自己的教学模式。要成为一名优秀的实习教师，你需要展示出自己有能力制订授课计划，讲好课，并且有效地满足学生的学习需求。正如我们在本章开头所提到的，这需要培养务实的教学态度，即认为引导和讲授都是有益的教学方法，但也承认两者都有其局限性，在教学中，只偏爱某一种教学方法是危险的。

正如前面所谈到的，引导和讲授两种教学法的多种混合使用都是可行的，没有放之四海而皆准的最佳教学方法。关键是看你希望学生学会什么，然后据此做出相应的决定。

在培训过程中，请注意你使用的引导和讲授教学法所产生的效果，这至关重要。即使你更倾向于某一种教学方法，当你分析它是否带来了你所希望的结果时，保持客观也是极为重要的。

以这种方式思考会让你更具辨识力，使你能更好地决定使用哪种方法，或者混合使用两种教学方法的比例，将产生最佳效果。

此外，如果你总是关注所使用的教学活动，并且对它们加以分析和评价，你的教学模式会快速发展完善。

和以往一样，通过观察别人并反思他们采取的方法，包括产生的效果，你可以更快地进步。在学校里，你会发现有些同事喜欢讲授教学法，而另一些偏爱引导教学法。观察这些教师的授课方式会使你开阔思路，从中学到很多东西，并形成自己的想法，帮助你发展自己的教学技能。

最后，当谈及引导和讲授两种方法时，可以大胆尝试，因为你的实习期也是教学经验的积累期。如果你大胆尝试，并在此过程中不断汲取经验教训，将是极为有益的。大多数进入这一行业的人往往没有意识到他们对引导教学法或讲授教学法持有偏见，在培训过程中，尝试不同的方法来挑战这种偏见，会使你成为一位更加全面的教师，这也有助于你反思你认为的最佳的学习方法。这是否会导致教学观念的改变尚无定论，但更为重要的是，你最终会有更多的经验来做决定，因此，你的教学技能也会越来越多。

下面是我提出的一些反思性问题和反思性活动，以帮助大家进行反思，尝试和提升教学方法。

■ 反思性问题

- 站在学生面前授课，你是否觉得舒适？你的舒适程度是否与你所教的主题有关？
- 让学生主导自己的学习，你放心吗？如果你不是站在教室的最前面，吸引每个人的注意力，你认为你能使每位学生都专心学习吗？
- 你是否同意我所描述的引导与讲授教学法之间的差异，包括它们的优、缺点？为什么呢？
- 教师在决定引导和讲授教学法混合使用比例时，是否应该考虑学生的学习偏好？
- 你求学时，喜欢哪种教学方法？这种方法让你学得最好吗？为什么？

■ 反思性活动

- 选择一个主题，计划两个假想的课程。在第一个课程中，你只能使用引导教学法。在第二个课程中，你只能使用讲授教学法。比较你上的这两门课程，如果从学生的角度来审视它们，它们会是什么样子？学生会学到什么？会错过什么？
- 如果你可以同一门课上两次（上两个不同的班），每次上课使用两种教学法的比例都不同。在教学中，分析学生对此的反应。然后，比较授课的效果。仔细思考当时的学习情况、学习氛围、你的角色以及学生们的收获。
- 在A3纸上设计一个表格，表格的一端注明引导教学法，另一端注明讲授教学法。当你计划和教授更多的课程时，用简短的词汇详述你所使用的不同活动，填充在表格里。这将帮助你了解你喜欢哪种教学方法，以及你是否需要努力达到某种程度的平衡，它也是在未来的授课计划中有用的辅助备忘录。

第七章

CHAPTER SEVEN

保持节奏与挑战

在这一点上，即便稍作思考也会对我们大有裨益。

如果想成为一名优秀的实习教师，首先，我们要了解教与学的本质，这能帮助我们对两者形成一个客观的理解。其次，我们需要思考作为一名教师到底意味着什么，之后才能继续研究如何才能更好地理解我们的学生。最后，我们把注意力转向如何设计课程，深入了解教学任务的机制，以及我们如何既能加快这一进程，又能取得最大进展。在最后一章中，我们将从不同的角度分析教师应该如何教学，同时，展示每一种方法的优点以及将这两种方法结合起来所产生的益处。

我们将在前面章节的基础上继续探讨，我们的目标很简单，为如何保持教学的节奏与挑战提供一个实用的见解。因此，本章与前两章会帮助实习教师在制订授课计划和授课方面打下坚实的基础，同时做到以学习为中心，尽可能帮助学生取得进步。

本章实用性很强，也许是本书中最实用的一章，它提供了一系列教学技巧和策略，你可以在培训过程中尝试。和以往一样，汲取经验教训。你在尝试新的教学方法时所犯的错误是有价值的，这会使你思考如何取得进步和发展，使你成为一名不断进步的教师，那么很快，你就会成为一名杰出的教师。

■ 差异化教学

很多人对于什么是差异化教学都有很多困惑，这个术语有点含混不清。简言之，差异化教学是指不管学生原来的水平如何，老师都会竭尽全力帮助学生取得进步。

差异化是个性化的同义词（这个术语以前很流行，但现在不太常用了）。这是因为个性化教学是指帮助不同水平的学生学习并取得良好的成绩，即确保全班同学都取得进步。

通过有效的差异化教学，你可以保持教学节奏并对学生提出更高的要求，这是因为你所做的事情将会帮助所有学生进行学习。这能最大限度地减少学生掉队，设定目标，对学生提出更高的要求（因为，进入学习状态之后，学生要使他们的思维接受挑战）。

差异化教学可以分成以下五个方面：

- 提问
- 教学活动
- 词汇和写作
- 教师能做的事情
- 学生能做的事情

以这种方式思考就像是拿着购物清单进行采购一样简单，这个概念不再庞大难以操作。相反，它变得具体并且与课堂的实际经验密切相连。

如果你不确定自己是否在课堂上充分运用了差异化教学，可以观察班上的每一位学生是否都有能力学习并取得进步。如果没有，认真思考上面提到的五个方面，找出一件你可以马上加以改善的事情并立即完成。之后，再次查看这五个方面，是否还有其他可以改进的地方。以这种方式教学可以帮助你在设计教学和授课过程中保持高度个性化，并考虑到大多数（如果不是所有的话）学生的相对需求。

为了更好地理解这五个方面，再举几例。

提问的作用是显而易见的。每当我们向一名、两名学生或一群学生提问时，我们就是在进行差异化教学，这是因为我们可以根据学生的学习情况提出不同的问题。例如，我们可以向正在苦思冥想的学生提出一系列问题，帮助他们思考如何将所学课程内容与已知内容相联系。或者，我们也可以只是简单地询问他们出了什么问题，或者想要什么帮助。

教学活动也非常简单明确。它包括你计划的所有教学活动，学生可以根据自己的水平参与不同的教学活动。这些活动包括各种可供选择的学习任务、子任务、扩展任务、分组工作或使用讨论来支持书面回答（前面几种比最后一种更容易通过表达编辑和细化思想）。

单词和书写涵盖了所有的读写能力。即听、说、读、写。对于学习能力较差的学生，教师可以为其提供如下的教学支持，包括提供句子开头、写作框架、示范性例句或段落以及补充书面或口头定义的图片。对于学习能力较强的学生，他们可以挑战写作或阅读更复杂的学习任务，按照一定的教学要求练习听说，可以根据教师要求参与其中某些活动。

教师可以使用的教学手段包括**采用不同的教学模式、与学生交谈、**

在班级里来回走动、干预学生学习、解释疑难问题，等等。你也会注意到，提问也适用于此。这证明了一个事实，即这五个方面都有益于思考，它们并不是相互排斥的。与学生交谈也是差异化教学的好方法。如果你在一节课中能与大多数学生交谈，那么就可以确定你已经帮助他们在自己的水平上参与了学习。

最后，**学生可以使用的学习用品和需要做的事情**。前者包括字典、辞典，甚至是废纸（用来暂时存储信息，减轻记忆负担）、助记设备，等等；后者包括与同学一起学习、观摩范本和提出问题，等等。总之，目的是给学生要么提供一种扩展其思考和行动能力的工具，要么提供一种方法，使其能够进一步学习知识和提升理解力。

在制订计划和教授课程时，上述五个方面可以确保你所做的一切都有助于所有的学生从事学习。这意味着你始终在运用一种高水平的差异化教学方法。

接下来我们来看看你还可以做些什么，挑战不同层次学生的思维，这些策略会在保持你的课堂节奏的同时拓展他们的思维。

■ 提升能力较差的学生

通常，能力较差的学生抽象思维也会有困难，但这并不意味着他们不能接受抽象思维的训练，只是在一开始，对于他们，这往往是一种挑战。因此，对于能力较差的学生而言，教师需要将具体任务和抽象任务结合起来，这是比较奏效的教学方法。

例如，在地理课上，我们可能会给学生一个列表，表内注明与移民现象有关的推动因素和拉动因素，每个因素都由一个虚构的人物来解释（例如，雷扎决定移居欧洲，因为他认为在那里可以接受更好的教育)。然后我们可以让学生把它们分成推动因素和拉动因素两组，之后再把每组按照影响力从高到低进行排序。最后，我们要求学生写一篇简短的评价性总结，解释他们认为移民现象是哪种因素导致的——推动因素、拉动因素，还是两者兼而有之?

这个例子说明了一个精心计划的活动是如何从具体思维(学生找出移民现象的原因)转移到抽象思维(学生推断推动因素、拉动因素哪个更重要)的。这种方法不仅锻炼了能力较差的学生，而且是以一种循序渐进的方式，增加了他们成功应对挑战的机会。

这种方法适用于各种年龄段的学生。当你计划一项活动或应用一项活动帮助能力较差的学生学习时，要记住从具体到抽象的思维是一个渐进的过程。

■ 提升中等能力的学生

中等能力的学生经常被教师忽视，这意味着他们的思维没有得到锻炼，对他们而言，课程节奏比较缓慢。

这是因为教师通常会花时间关注能力较差和较强的学生，尤其对于能力较差的学生，教师希望能够帮助他们达到中等水平。但只有在教师事先考虑好如何在实践中真正做到这一点时，才能够真正奏效。

幸运的是，有两种简单的教学技巧可以确保中等能力的学生在你的课上也得到锻炼。

首先要明确的是，你为能力较强的学生设定的任何教学活动对所有学生来说都是一个挑战，这就意味着能力较强的学生和中等能力的学生都可以参与。在某种程度上，这也是教师向学生表达高期望值的机会，并且应该定期向学生表达这种期望。例如，你可能会为能力较强的学生设计一些拔高题（你猜想他们肯定会接触到这些问题），但随着课程的进展，你也会引导中等能力的学生在学习过程中挑战这些难题。

第二种方法是在教学过程中，提高教学活动的复杂性。例如，假设我们在上一节体育课，学生们正在练习足球的长传和短传。当教师花时间帮助传球能力较差的学生提高时，中等能力和能力较强的学生则可以自己锻炼提高。传球练习进行到一半时，我们会提出两三个更高的要求，比如：

- 每次传球都要换脚；
- 地面传球和空中传球必须交替进行；
- 必须用脚外侧传球。

然后我们会要求学生选择一个或者两个上述要求来加以练习。这就将中等能力和能力较强的学生都包括在内了，他们都得到了锻炼。

中等能力的学生可以选择其中一个要求进行练习，直到完善为止，而能力较强的学生则可以选择两个要求并尝试同时掌握它们。

同样，你可以对这些方法进行调整，来适应你所教授的科目和不同年龄段的学生。

■ 提升能力较强的学生

在帮助能力较强的学生提升时，重要的一点是，我们不能简单地让他们重复做更多同等难度的学习任务，对他们而言，这既无聊，又没什么挑战性。如果他们已经完成了一项学习任务或掌握了一项技能，要求他们做更多同样的事情并不能提升他们，这也意味着他们不会取得最大进步。因此，我们需要对能力较强的学生提出更高的要求。

一个使所以学生都受益的简单方法是同伴教学。如果一位能力较强的学生完成了你布置的作业，请他们教其他同学。在教学过程中，有问题的学生必须回顾自己的学习内容，加以分析和综合，以通俗易懂的方式讲解给同学。

在讨论另一种方法之前，有两点需要注意。最好是提供一些指导，这样学生就不会觉得你只是给他们布置了一项不必要的任务。首先，说明你希望该学生帮助哪位同学，这可能是一个、几个或者一组学生，他们都在为同一个问题而苦思冥想。其次，明确教学内容。例如，你能帮约翰尼找出答案吗？他在努力思考多个理由。告诉他不同的理由，并举例说明为什么这些理由是恰当的，这样的问题既具体又个性化。这会带来更好的效果，使学生更有积极性。

另一个有用的方法是让学生们预测教师要问的问题（或任务），这些问题（或任务）可以用来测试学生对研究主题的学习效果。在这个过程中，学生们必须先对所学内容有一个大致的了解，再关注细节，然后他们必须利用所学的内容提出问题，以便了解已经学会了什么，这是很有挑战性的。

与前两部分一样，这里介绍的两种方法都可以推广使用。

■ 用问题提升所有学生

现在我们再来深入探讨一下提问。首先我们将考虑如何向所有学生提问，然后是个案研究。

高质量的问题会引发思考。有时我们会给这种思考设置严格的限制，例如，当我们检查所学知识是否已被掌握或检测一个学生是否能用某种方式应用一个概念时，通常挑战性的问题比这更难。它们总是有多种答案，这要求学生具有一定程度的推理能力、创造力或批判性思维。

这意味着它们会激发学生更为复杂的思考因而更具挑战性。教师可以使用下面三种简单的方法，向学生提出具有挑战性的问题：

用大问题来构建授课框架：教师可以使用问题而非题目作为一堂课的基础。把授课内容设计成一个大问题，并告诉学生，通过学习这节课的内容，他们的目标就是要回答这个问题。这堂课马上就变得充满挑战性了，尤其是如果你花点时间来关注你的问题，确保它足够大、足够吸引人的话。随着授课内容的不断深入，你可以定期回到问题上来，看看学生们距离能够回答这个问题还有多远。

概念性问题：围绕概念问题提问。抽象的概念，比如变化、对与错或可靠性等思考起来会有难度。每门课程都有一系列的重要概念，具体的授课内容就是围绕它们展开的。确定哪些概念与你所教授的科目或学生群体相关，并据此提出挑战性的问题。

临时性问题：在问题中使用“可能”一词可以使知识成为临时的。那么，把“答案是什么”变成“答案可能是什么”。显然，第二个问题比第一个问题更令人兴奋。这是因为它激发了学生思考、推理和证明的积极性，而第一个问题却没有。在课堂上经常提问这类问题，使它们成为一种教学模式，有助于不断地激发所有学生的学习热情，跟上你授课的节奏。

■ 因人而异，提问不同的问题

我们也可以对问题进行修改，以满足不同学生的学习需求。这意味着我们需要根据学生已学知识和现有理解力水平，向不同的学生提出不同的问题，这种因人而异提出的问题会促使学生进行更深入的思考。

一个简单的比较即可证明这一点。第一种情况，我们向三位学生提问同一个问题，会得到三个质量不同的答案。第二种情况，我们向三位学生提问三个不同的问题，每个问题都是根据他们目前的知识水平和理解程度来提出。

与第一种情况相比，在第二种情况下获得的答案质量更高，对学生而言挑战更大。

以下三种技巧可以帮助教师针对不同学生的情况量身定制问题：

观察/倾听，然后提问：进行一项教学活动时，在教室里来回走动，找出能从拓展思维中获益的学生。观察他们的工作或倾听他们与其他学生的对话，根据这些信息为学生量身定制问题。那么对学生而言，这些问题不但合适、有挑战性而且极具个性化。学生们也能够立即回答你的问题，因为你的问题与他们当前的思维密切相关。

批改作业，然后提问：另一种了解学生当前学习情况的方法是批改学生作业。你可以在课下批改学生作业，如果时间允许的话，也可以在课上做。在后一种情况下，这通常包括批改一个或多个学生的作业。无论哪种情况，批改完作业之后，你都可以充分了解他们的学习情况，为他们设计的问题会更具有相关性和挑战性。如果是在课堂上，你可以让学生口头完成所问问题。如果在课下批改作业，你可以写在学生的作业本上，不过你要确保给学生机会回答所提问题。

学生阐述观点，教师反驳，学生辩护：我们选择参与某项教学活动的学生，让他们分享参与这项活动的想法或意见。仔细倾听之后，我们提出不同的观点——这可能是另外一种解释，也可能是不同的视角、不同的工作方式，或者其他完全不同的观点，其目的就是质疑学生提出的所有问题。之后，要求学生捍卫他们最初的观点。这具有很大的挑战性，在此过程中你可以帮助学生不断升华对问题的理解。

■ 布鲁姆认知领域教育目标分类法

现在，我们来了解一个特别有价值的工具，所有教师都赞同使用它，以确保所授课节奏良好、富有挑战性，它就是布鲁姆认知领域教育目标分类法。

20世纪50年代，以本杰明·S. 布鲁姆（Benjamin S. Bloom）为代表的一群美国教育工作者将这种分类法整合在一起，其因此得名。

分类法将关键认知过程从最简单到最复杂进行了排序。当学习者完成这个由简单到复杂的认知过程时，他就掌握了某一主题的知识。

这六个层次是识记、理解、应用、分析、综合和评价。随后的研究表明，最后两个层次应该互换，不过这一点与我们所要讨论的内容无关。最简单的方法是将这六个层次分为三组，最下面的一组是识记和理解，这是两个最简单的过程。中间一组是应用和分析，它们对智力的要求更高。最上面的一组是综合和评价，这两个过程中的认知要求最高。

简单地说，学生在学习过程中需要首先在一到两个较低层次上达到要求，然后才能进入下一个阶段。

因此，举例来说，你需要知道形容词是什么，才能分析作者在一篇文章中如何使用形容词。同样，你需要能够运用政治权威的概念，然后才能评价威廉·格莱斯顿（William Gladstone）在其最后一届首相任期内，能够在多大程度上做到与这一概念相符。

该模型至今仍在使用，因为它所阐明的思维过程的描述和顺序是独立的。因此，尽管比构建分类学的教育先辈们早了半个多世纪，但从那时起到现在，思维的本质并没有发生太大的变化。我们依然需要先知道一件事的意思才能理解它，同样我们依然需要先分析某一事物的用法，然后我们才能创造一种替代方法。

为了加深对这一点的理解，大致了解一下考试委员会提供的评分方案，就会发现它们与分类法中的评价目标一致。此外，几乎所有学校的评估和评分方案都是以此为评价目标。

我们可以充分使用分类法以确保授课内容具有挑战性，节奏紧凑，它也可以作为课程目标和课程/学习结果的基础。我们可以根据它来设计发人深省的问题，或者一系列难度递增的问题（上升到分类法的更高层次），并为学生量身定制问题（将他们目前的理解力水平与分类法的不同层次相匹配）。

我们还可以在设计教学活动时使用分类法。下面我们就要谈这个问题。

■ 使用布鲁姆的分类法设计具有挑战性的教学活动

该分类法与学生掌握学习的程度有关，随着学生水平的提高，他们对所学内容的掌握程度也会提高。

以下三种方法可以帮助教师设计具有挑战性的活动：

三种活动，三种类别：在第五章介绍课程计划的时候，我们曾提出一种常见的且受到高度重视的方法，即一堂课包括预备导入、两到三个教学活动和复习总结。在使用这个方法时，预备导入和主要教学活动可以对应分类法的不同层次，或者与上面提到的分类法的分组相对应。例如，课堂导入围绕识记和理解展开，第一个教学活动围绕应用和分析展开，第二个教学活动围绕综合和评价展开。以这种方式设计教学，我们可以肯定所授课程将变得越来越具有挑战性，分类法可以帮助我们做到这一点。

一个活动，细分：另一种方法是将一个主要教学活动细分为一系列步骤，每个步骤分别围绕分类法的一个层次展开。例如，我们可能有一个相当长的活动，包括五个单独的步骤。第一个步骤侧重于理解，第二个步骤侧重于应用，等等。这样，我们就使得个体教学活动充满挑战并且节奏紧凑。并非所有的学生都能完成所有的步骤，但我们可以肯定的是，所有的学生都将面临挑战，因为随着学习不断深入，他们将继续掌握新的内容。

一个活动，三个部分：这是上一个示例的变体。我们可以设计一个包含三个独立部分的教学活动，而不是将一个活动细分为五个步骤，有时这样做可能会非常耗时。例如：

通读关于犹太节日的信息，用你自己的语言总结要点（理解）。然后，与你从上学期对印度教节日中所学的知识进行比较，寻找相似和不同之处（分析）。最后，运用你掌握的犹太教和印度教节日的知识来评价它们是否起到加强家庭和社会联系的作用，或者也可以给学生一个展示和重新开始自己信仰的机会（评价）。

正如你所看到的，由于教学任务是围绕分类法设计的，因此它本身就具有挑战性。当使用这种类型的任务时，请注意它们可能比其他活动耗时更长，因为它们包含三个独立的部分。

此外，请提前决定你希望所有学生都完成全部的活动，还是希望学生在你设置的时间内尽可能多地完成即可。

下面是分类法每个层次中常用的关键词，你可以使用它们以便将分类法应用到你的课程计划中：

识记：

排列、定义、描述、列举、匹配、记忆、说出……名称、排顺、引用、识别、回忆、重复、再现、重述、保留，等等。

理解：

概述特征、分类、描述、讨论、解释、表达、识别、举例说明、识别、报告、联系、分类、翻译，等等。

应用：

应用、计算、选择、演示、改编、使用、实施、解释、操作、执行、练习、角色扮演、概述、解决、建议，等等。

分析：

分析、评价、分类、比较、对比、区分、检查、实验、探究、调查、质疑、研究、测试，等等。

综合：

结合、构成、构造、创造、设计、制订、假设、整合、组织、计划、提议、综合、统一，等等。

评价：

评价、争辩、评估、评论、辩护、测试、评分、检查、判断、证明、等级，等等。

■ 使用布鲁姆的分类法保持授课进度

在本章中，我们讨论的授课进度紧凑和授课内容具有挑战性是同样重要的，但教学中，我们对前者的关注没有对后者那么多，我们会在最后两章纠正这种偏差。首先，我们将了解如何使用分类法来保持授课进度，然后我将介绍五种简单的教学手段，你可以在任何课程中使用它们。

用问题构建教学活动：前面，我们讲过用一个大问题替换授课的标题是一个提升课堂挑战性的好方法。我们还可以根据布鲁姆分类法中某一适当的层次，用问题来构建我们计划的每个活动。这就赋予每节课一个驱动目标：回答已经提出的问题。此外，根据分类法，如果我们确保这些问题的难度不断上升，并且每个新活动都比上一个活动更具挑战性，那么就可以保持授课的总体节奏紧凑。

全班的挑战性问题：如果你课堂的节奏变慢，学生失去兴趣，思考一下是否因为你给学生布置的任务太简单了。如果是的话，请将注意力转移到布鲁姆分类法的最高两个层次，快速设计一个与这节课主题相关的问题，要求全班同学思考回答。这个技巧可以帮助你改变授课的重点，调整授课节奏。

基于布鲁姆分类法的扩展问题盒：买两个鞋盒，并涂上不同的颜色，一个盒子里装有综合或创造性思维的扩展问题，另一个盒子里装有评估或批判性思维的扩展问题。两个盒子都装满了相应的扩展问题和任务，你可以使用上面列出的布鲁姆分类法每个层次的关键词来设计题目。然后，告诉学生在每节课中他们何时可以使用盒子里的问题。一旦学生完成的教学活动令你满意，他们就可以从两个盒子里任意选取一个扩展问题。

一旦这种做法在课堂上固定成为一种模式，它就会使得课堂产生一种节奏感和驱动力。当部分学生完成主要学习任务，然后去选择一个扩展问题时，会产生特别的影响，其他学生会非常羡慕并努力完成自己的学习目标。

■ 五种简单的方法来保持学习节奏

下面五种技巧，你可以应用于所有课程来帮助保持学习节奏紧凑：

时间限制和倒计时：设置时间限制会产生一种紧迫感。根据学生的年龄，你需要不断提醒他们还剩多长时间，务必确保你的时间限制是合理的。如果时间太短，学习的节奏感就会丧失——时间将到，学生却无法完成你布置的教学任务！倒计时的不同之处在于，只有在活动快要结束时，教师才会告诉学生还剩多少时间。例如，我们可能会告诉学生他们还剩两分钟，然后黑板上的计时器会显示倒计时剩下的时间。

在班级里来回走动：在完成活动期间，教师需在教室里来回走动，提醒学生还剩下多少时间，督促他们加快速度，或者表现出更高的学习热情。这种做法要根据学生的情况而定，可能针对整个班级，或者特定的个人/群体。

引入新任务：先让学生开始一项活动，然后再增加新任务，要求他们必须完成。当你增加新的任务时，这会使得学生加快节奏。例如，你可以让学生组成对子，完成一项讨论任务，然后在活动进行到一半时，要求完成一项辅助任务，即每对学生根据讨论的内容撰写一个六句话的摘要。在这个例子中，工作的节奏会立即加快，因为学生必须重新调整，以便在剩下的时间里完成新的任务。

课间复习：这是指在课间休息之后，复习刚刚学过的内容，它也被称为简短复习。复习应该持续几分钟，由教师引领，你可以指导学生复习本节课的教学目标以及刚刚完成的学习内容。然后，你可以让学生预测接下来会学什么以及为什么。这能让学生们重新充满活力，带着全新的使命感回到学习中来。

大问题回顾：如果你用一个大问题来贯穿你整节课的授课内容，就可以在授课过程中不断地提及这个问题。这意味着你要不断询问学生他们能在多大程度上回答这个问题，以及他们的答案（或对这个问题的理解）是否随着学习的深入有所改变。与课间复习一样，这种方法也是极佳的手段，可以帮助学生重新找到学习的目标。

至此，我们即将结束如何保持节奏，迎接挑战这一讨论。毫无疑问，要成为一名优秀的实习教师，你的目标应该是在每节课上保持良好的节奏和高度的挑战性，应用、实践和修改上面分类法中的内容会帮助你做到这一点。

像其他章节一样，本章最后是一些反思性问题和反思性活动，它们可以帮助你思考我们讨论的话题，并进一步挑战你的思维。

■ 反思性问题

- 你的思维受到挑战时，你感觉舒适吗？这对教学有什么启示？
- 你如何训练学生积极面对挑战？你能训练学生接受挑战吗？如何训练？
- 是否有可能根据你的授课计划判断一节课的节奏，或者节奏是你目前唯一能评估的东西吗？
- 学习节奏紧凑的一节课的特点是什么？它与节奏太慢或太快的课程有何不同？
- 在你的教学生涯中，什么时候你的思维受到的挑战最大？是什么引起的，感觉如何，你是如何应对的呢？

■ 反思性活动

- 研究布鲁姆的教育目标分类。网上有很多有用的信息。
- 拿出两三张你最近的授课计划和两支不同颜色的荧光笔，首先，通读每一个计划，用笔标出你认为在授课中对所有学生而言有足够难度的要点。然后，拿起另一支笔，画出你认为你还可以提高难度的要点。最后，反思你将从中学到什么，并应用到你下一课的授课计划中。
- 挑战自己，学习新东西，它可能与你的实习培训或其他的事情关系密切。当你经历挑战的时候，注意在认知和情感上的体验是怎样的（例如，你会有挫败感吗）。在这个过程的最后，考虑一下你的学生如何看待你给他们设置的种种挑战。

第八章

CHAPTER EIGHT

向自己学习，向他人学习

第八章　向自己学习，向他人学习

你会在培训时犯错误，这是不可避免的，但这也是一件好事，犯错是我们学习的主要方式之一。很多学习都有一个尝试和犯错的过程，通过这个过程，我们可以了解哪些事是可行的，以及在哪种情况下做哪种事情是合适的。

不犯错误，没有尝试和犯错的学习是有极大的局限性的。这种局限性阻碍了我们的进步，也阻止了我们的洞察力和理解力的发展，因为当我们失败、犯错时，就可以汲取教训，提高我们的洞察力和理解力。

当然，只是犯错误是远远不够的，我们也必须分析和思考这些错误。如果我们犯了一个错误，却对它置之不理，拒绝从中汲取教训，那么我们的收获就微乎其微了。

我们要勇于接受错误并以积极的态度看待它们。你需要注意它们会带来什么样的问题，反思其中的问题并做出相应的调整。在本章中，我们将介绍一些可以使用的技巧，以及如何通过培训保持进步。此外还将介绍一些当你向他人学习时，如何取得最大收益。

■ 犯错和不断尝试

在课堂上，尤其是当你是一名实习教师的时候，会经常犯很多错误。然而，值得注意的是，经验丰富的教师也会犯错误。我上周就犯了一个错误，我在十一年级的课堂上做了一个不太有挑战性的活动，他们很快就失去了兴趣，我不得不再次思考，调整课程，重新激励他们。

值得注意的是，所有的教师都会犯错误，原因有两个：首先，它有助于我们以平常心看待犯错误这件事情，让你以更积极的态度看待自己的错误。其次，它阐明了一个事实，即当与儿童和青少年一起工作时，每件事都顺利是不太可能的。我们唯一可以确定的是，优秀的教师从错误中汲取经验，迅速有效地改正错误，从而避免错误的重复发生。

在培训过程中，会有很多东西需要学习和思考，这会导致你犯错误，也会使你在尝试一些方法之后，才发现它的效果不佳。此外，你会花费很多时间去尝试，测试一些教学理念和活动，观察它们是如何运作的，是否有效，是否符合你的教学风格。这种测试和试验将导致错误的发生，而你将从这些事情上收获很多。

因此，要成为一名优秀的实习教师，你需要拥有允许自己犯错的心态，把这些错误视为学习的机会，不要变得过于自我批评。

许多实习教师在努力取得最大的进步时，会发现自己处于这样的境地，因为他们不想失败，因此尽一切可能减少犯错的机会，然而，这大大地局限了他们的发展范围。他们计划和教授的课程往往非常呆板，同时他们的教学策略、技术和活动也相当有限，这就会产生连锁反应，学生在课堂上的学习也会受到限制，这意味着他们无法实现使学生成绩最大化的最终目标。

在整个培训过程中，你应该尝试许多事情，例如测试新想法有助于提高你的教学质量，它还可以强化你的技能。冒险不是总能带来完美的结果，但它会使你明白哪些方法可行，哪些方法不行，这些信息对你未来的决策会产生影响。

我们可以把犯错误和分析错误的过程分为三个独立的部分：授课中、授课后以及与导师的讨论。

在课堂上，你会直接看到犯错的后果。例如，你可能无法清楚地解释某件事，这意味着学生很难理解你在说什么，随之而来的是一连串的问题和好奇的表情。

在这种情况下，有两件事是必须做的。首先是分析事情结果变糟糕的原因，这种实时反思的过程能让你从错误中学到重要知识，它也为你指明了需要做什么来改善问题的方向——你应该如何做才能让学习回到正轨。

其次你必须做的是回应。如果不这样做，犯错的后果将不会减轻，而且重要的是你将失去使用纠正并观察其影响的机会（请记住，这也可能是错误的纠正方法，没有产生任何影响）。

总之，当你在课堂上犯错误时，分析错误发生的原因，然后尝试一种纠正方法。当你这样做的时候，评估这种方法是否有效。如果无效，那就尝试其他的方法，或者暂时放下手头的事情，然后再对它们进行更加深入的思考。

下课后，你还有机会从错误中汲取经验教训，这些经历会使人难以忘怀。从第一次错误发生到现在，转眼间时间飞逝，教室里令人担忧的紧张气氛也将离你远去，现在你可以更加客观地来反思发生了什么、发生的原因，以及任何改变所产生的结果。

在一天结束的时候花点儿时间坐下来回顾你所教过的课程是值得的。当你这样做的时候，把注意力集中在你能从这些授课中学到什么，并在未来的教学中加以使用。你的重点应该是从错误中汲取经验教训，而非只是对错误进行批评或负面评论。这种思维方式很容易使你掉入陷阱，它们对你的进步是一种限制，而不是一种支持。

避免错误产生的消极的影响需要自控力。你必须提醒自己，你能获得的最大好处是获得一些积极的东西，而不是让自己陷入批判性思维。我们不强求以乐观的态度来重新审视所有的错误，但可以用一种超然的态度简单地看待它们，从中汲取我们所能获得的益处和深刻的见解。

你也可以和导师讨论你的错误，这种方法的效果在某种程度上取决于你和他们的关系。如果关系好，讨论错误会很容易，融洽的关系带来开放的氛围将帮助你以积极的态度反思、讨论你的错误。

如果你和导师的关系不是那么融洽，我建议你设法控制你们之间的讨论，明确地把它引向你想要的方向。你可以这样说："我在课上注意到，有几次我没有给一些能力较差的学生足够的帮助。我希望我们能讨论下为什么会这样，下次我能做些什么来改善这种情况。"

现在我们找到了这个问题，表明了我们对这个问题的认识，并为讨论确定了明确积极的目标。因此，我们可以掌握主动权，确保我们和导师在一起的时间能够达到我们自己的目的（目的是提高我们的教学质量）。

■ 设定目标、实现目标

通过在授课中反思自己的错误、在授课后与导师讨论，你会为自己提供大量有用的信息。你会发现哪里出了问题，是什么导致了这种情况的发生，以及你该如何纠正它们。

正如我们前面提到的，快速发展的关键是接受错误并从中汲取教训，这种学习包括目标的设定和实现。

目标是我们对自己或他人的期望（例如，当我们为学生设定目标），这是我们可以实现的目标。当我们达到目标时，我们知道自己已经取得了进步，然后，发现自己可以设定一个新的目标，我们可以集中精力使其实现，这个过程是以持续改进为前提的。

在通常情况下，最好一次只给自己设定一个目标。原因很简单，有了这个目标，你就可以把所有的精力投入其中去实现它，这就增加了你实现目标且迅速实现的可能性。多个目标虽然诱人，但会把思维引向不同的方向，使其较难实现有效的进展。

为了说明这一点，考虑一下如果你被要求提升你的行为管理能力，去更好地拓展能力较强的学生的思维，同时提出令人深思的问题，你会有什么感觉？

比较一下，如果你被要求一次只追求其中一个目标。

在第二种情况下，你的感觉会好得多，同时成功的可能性会更大。

作为一名实习教师，支撑你进步的目标可以来自两个方面：你的导师或你自己（有时两者兼而有之，比如你和导师一起讨论并达成一个目标）。

无论采取哪种方式，只要遵循一些简单的规则，你就会发现这些目标更容易实现。首先，你的目标应该是明确而具体的。其次，它们能够实现。最后，它们应该与成功紧密联系在一起。

如果你给自己设定了一个目标，从错误中汲取经验教训，找出你想要改进的地方。然后，仔细研究哪些地方需要改变或取得进步，以便做出改进。之后，试着问自己所确定的目标是否可以实现。如果是，那就太好了。如果不是，就把它分解成一系列更小的步骤。最后，从效果、结果或其他设定为目标的方面实现目标。

如果你的导师给你设定了一个目标，请他们遵守上面列出的规则，如果有必要，解释这对你有什么好处。另外，请他们为你提供一个或多个成功实现目标的案例。在这里，你是在要求他们为你树立成功的榜样。他们可能会这样做，但如果他们不这样做，你可以要求他们为你提供必要的范例。

如果你有足够的时间而你的导师也愿意的话，下面的过程会对你有帮助：

首先，讨论你和导师发现的错误。

其次，一起工作，商定一个你能够实现的目标并解决这些错误。

最后，让你的导师给你一些成功实现目标的案例。如果可能的话，让他们给你提供一个这样的例子，可能是一般意义上的，也可能是他们教授课程中的一个案例。

这个过程的最大好处是它缩小了设定目标与实现目标之间的差距，它给你提供了一个清晰的示范，当你尝试在教学或计划中把目标付诸实践时，你可以参考它。但这并不意味着你要复制这个过程，或者让你的导师为你做所有的工作，这只是意味着你在要求你的导师尽可能明确地举例说明什么是成功。这给了你一个更大的成功的机会，并且让你能够尽快做出你想要的改变。

综上所述，有些目标需要坚持不懈。如果你发现自己很难有效地实现它们，即使有具体的榜样和有效的支持，不要灰心，生活就是这样！有时我们的目标比我们想象的更加难以实现。别担心！关键是要按照指定的方向继续努力并且不断反思努力的结果，在必要的时候进行调整，并在适当的时候征求建议。

有时候，把一个目标暂时搁置几周，完全专注于其他事情，然后再回到它上面，这种做法是值得的。这个过程可以确保你的注意力仍然集中在一个单一的目标上，取得进展仍然是你脑海中最重要的事情，它也有助于你打通一条道路实现目标，尽管这条道路可能比你设想的更难走。

总之，我要说两件事。首先，根据本章前一部分的内容，你为自己设定的目标，或者你的导师为你设定的目标，应该至少有一部分内容是根据你在教学和计划中所犯错误进行改进。其次，不断设定目标并且朝着这些具体的目标努力，将帮助你取得重大进步。

■ 有效的自我反省

到目前为止，我们可以认识到有效的自我反省是成为一名优秀的实习教师的基本要求。主要体现在以下内容：

- 认识错误并从中汲取经验教训；
- 敢于尝试错误；
- 设定并实现相关目标；
- 留出时间来批判性地思考你的教学及你计划的课程；
- 在教学（和评分）的过程中，对你从学生那里得到的信息做出回应，以使你的课程更加成功。

在这里，我们将简要介绍一些方法，以确保你可以进行有效的自我反省。我们已经看到其中一种技巧的作用（第五章当回顾你所教的课程时使用的反思——问题法），现在我想再介绍三个。

首先是养成一个习惯，这个习惯包括每天两次问自己三个问题。一次在你开始工作之前，一次在你结束工作的时候。问题是：

一天开始：

今天我希望改进什么？

我希望如何改进它？

我为什么要改进它？

一天结束：

今天我改进了什么？

如何改进它？

我想要改进它是对的吗？

其中最难的是如何养成提问的习惯，一旦你能够做到这一点，那么有效的反思就相对容易了。

你会注意到这些问题可以帮助你将思维集中在持续改进的理念上。每天开始的时候问的这三个问题，可以帮助你在一天工作开始的时候，将提高自己这一概念清晰地印在你的脑海中。随着时间的推移，这可以让你更加专注于提高自己。

在一天结束的时候，上述问题可以让你回顾你在一天中做了什么，以及这一天开始的时候你打算做什么。你是否取得了改进并不重要，重要的是你要确保可以有目的地反思你所经历的一切。

使用这种技巧可以确保在培训的每一天，你都关注你的大目标，并且以一种批判性和反思性的方式去实现你的目标。

其次是记日记，这对一些人来说很好，但对另一些人来说却感到厌烦，你应该决定这是否对你有益处。

当然，在培训过程中，你的时间是非常珍贵的。因此，你要简化你的日记。我的建议如下：

在一周开始的时候写下你的目标，然后在接下来的每一天，做一个简短的笔记，总结你在这一天为实现你的目标所做的事情，并写出第二天你需要做什么来实现这个目标。在一周结束时，花10分钟浏览你的日记。它会告诉你，你现在的状况距离你的目标还有多远，你在某一重要的教学模式上是否取得了进步。（例如，你可能会无意中注意到，你已经花费了数周在你擅长的事情上，而不是在你真正想改善的薄弱环节。）

最后是期中反思（与上面概述的两项不同，它们都是短期的反思）。

在培训的前几周，为你的课程准备一份成功标准的副本，副本中需要说明你做什么才能获得优异成绩。浏览副本，画出那些你已经有能力完成的事情。不可避免的是，在最初几周，你能做的事情很少，甚至可能为零。

每隔两周回顾一下成功标准，画出那些你现在感到自信的方面。为了保持进展，你可以选择粗细程度不同的线，来表示你自信的程度。例如：

细线=比较自信

中线=自信

粗线=高度自信

请遵循以下两点，首先，你应熟悉课程的成功标准。其次，你应看到自己的进步，由此确定哪些方面你需要关注。

这种技巧提供了一种方法。通过这种方法，你可以在整个课程中保持一种高度的反思。在你培训接近尾声时，反思的内容将会与成功的标准越来越接近。

■ 有效观察一（当你被观察时）

在培训过程中，你会多次成为被观察的对象。首先，你的导师会进行这些观察。很可能你也会被其他教师观察，包括中层或高层管理人员。

被观察是一个取得进步的好机会，有人可以和你讨论你的课程，他可以就你的计划、教学方式以及学习过程提供反馈和见解，这是非常宝贵的。

然而，并非所有的观察结果都是一样的，并非所有观察人士的水平都是一样的。下面的技巧将帮助你从观察中获得最大的益处，它们都可以单独使用，有些可以结合使用。

确定一个关注点

在被观察之前，告诉观察者你希望他们关注什么。例如，你可能觉得你提出的问题不够严谨，那么，你就要求他们在课程中特别注意这一点，尤其注意你能多大程度推动学生更深入地思考你提出的问题。在观察结束时，观察人员能够针对你想要改善的方面提供有针对性的反馈，这会提高观察的有效性。

预先计划你的问题

如果你知道你将被观察，提前思考你想从观察中发现什么。然后在观察结束后，思考一系列问题，以便对观察者提问。在这里，你要做两件重要的事情。首先，训练你的大脑，使其专注对你而言重要的事情。其次，确定一种方法（或者提出一些问题），以便据此获得你在教学中表现如何的信息。

关注学习结果

在培训期间，你的注意力很可能会从自己身上逐渐转移到学生身上，这是正常的。在课程开始时，你主要关注你作为一名教师的表现如何，这是适应这个角色的过程。随着时间的推移，你会逐渐意识到，学习进步是所有教学的中心目标（或者随着经验的积累，你会更深刻地认识到这一点）。了解学习进展到什么程度，对有效地评估一节课的质量是至关重要的。当你授课时，请观察者关注学生的学习结果，并在观察之后提供反馈。

确定特定的学生群体

一个类似但略有不同的方法是请观察者将注意力集中在特定的一组学生身上，例如，使观察者观察能力较差的学生在你的课上取得了什么样的进步，以及你采取帮助他们的策略，这些策略是否有效。当课程结束时，你们可以进行有益的讨论，分析你所做的事情是否有效，然后将问题扩展开来，讨论如何对有问题的学习群体提供最好的帮助。

把观察结果和你的目标联系起来

你的导师知道你的目标，但其他观察者可能不知道，因此告诉观察人员你的目标，确保观察结果与你的目标（你正在寻求实现的目标）密切相关。你要解释你的目标是什么，在课程中你打算做什么来实现它。之后，你们的讨论将集中在你是否实现了这一点，如果没有，你可以下次尝试以获得成功。这将帮助你专注你的目标，也可以使你获得中肯的、有效的见解和反馈。

获得建设性的批评

建设性的批评是指善意的批评，即找出可以改变的事情，然后提出可能改变的方法。在理想情况下，它还会详细说明发生了什么改变，以及改变的重要性。例如，对提问的建设性批评可能会是这样：发现教师在提问方面存在问题，解释为什么这被视为一个问题，建议如何改进，然后提供一两个教学实践中的例子。并非所有的观察者都擅长提出建设性的批评，你可以通过提问来帮助他们做到这一点，例如：

指出一件我可以改进的事情，并举例说明我如何改进。

你觉得×怎么样？我能做些什么使它更好呢？

关于如何改进×，你有什么建议？你能从你的教学中给我举个例子吗？

引导反思

最后一个技巧是确保你来引导反思，然而有时这也不太需要，如果你有一位技巧熟练的导师或观察者，他知道如何使用这个过程来帮助你进一步实现目标，那么一切都会很顺利。然而，如果他们不熟练，无论出于什么原因，你最好控制、引导反思以达到你的目的。例如，你可以说明你想要关注什么来引导反思，你刚刚上完的这节课与你的目标有什么关系。然后在讨论的过程中，你可以继续参考这一点，以保持讨论内容中肯、对你有益并且没有偏离主题。

■ 有效观察二（当你在观察他人时）

说到观察，除了被观察之外，你也可以观察其他更有经验的教师。这样做的目的是深入了解不同的途径和有效的方法，你会看到有些方法并不奏效，或者你自己根本不会使用，这和观察有效的教学实践一样有价值。

所以，让我们看一些可以使用的技巧，以确保你能从所进行的观察中获得尽可能多的信息。

确定一个目标

如果你的观察是有目标的，它便更有可能是有成效的。这个目标可以相当广泛的，不必特别具体，例如，它可能是使我们大概了解一个著名的教师如何处理困难的教学内容，但这也是一个目标。在你观察的时候，该目标可以指导你的想法和行为。低效的观察者常常只是坐在另一位教师的课堂上，却不清楚自己的目的或者自己希望从中获得什么。通过提前确定好目标，你可以很容易地避免这个问题。

不同的教师有不同的才能

在每一所学校里，不同的教师有不同的特长，并因此而获得声誉。

一位教师可能因为他的行为管理技巧而受到称赞，而另一位教师可能因为他的提问技巧而受到赞扬。了解哪位教师擅长什么，意味着你知道谁值得观察。如果你发现自己很难做到差异化，那就去观察一位在这方面很有经验的教师。与前面的技巧类似，这里的目标也是使你可以从观察中受益，让自己有更多的机会从别人的课堂上学习教学经验和技巧。

观察学习

在进行观察时，你既要关注教师和他们正在做的事情，又要关注学习。我的意思是，你应该看看学生在这门课上都学了些什么，思考教师是如何组织学习的，以及他们是如何帮助学生取得进步的。因此，你可以花些时间倾听学生讨论自己的想法，浏览他们的作业（或观看表演，如果有的话）。这将帮助你对其他教师课上的学习以及他们如何促进学习有一个批判性的见解。

与学生互动

另一个与学习有关的技巧是与学生互动。对于一些实习教师来说，在观察其他教师授课时，他们很自然地就这样做了。他们会毫不犹豫地投入课堂中，花时间与学生交谈，帮助他们完成学习任务。如果这样做对你来说显得不自然，那就请把它视为你观察活动的一部分，这样你就有机会近距离地观察学生的学习情况，它还能让你了解他们所学的知识和他们自己的见解。通过与他们交谈，向他们提问题，了解学习是如何根据教师的授课计划进行的。

观察自己对目标的反应

你有自己的目标，为什么不把它作为你观察的基础呢？请注意以下两点：

首先，你可以观察一名教师，并且要花时间来分析该教师所做的哪些事情与你的目标密切相关，你如何借鉴以应用于自己的教学，以及你对自己目标的理解是否合理。

其次，你可以找出在学校里哪些教师擅长与你目标密切相关的技巧，然后观察他们以便获得实现你自己目标的方法。

在这两种情况下，你都应该在听课后和这位教师讨论这堂课，问他们一些问题，这些问题可以帮助你进一步明确如何成功地实现你的目标。

观察不同的学生群体

每个班级都有不同的学生群体，有能力较强和较弱的学生、能力中等的学生、享用免费午餐的学生、母语不是英语的学生、有特殊教育需求的学生，等等。

找到同时帮助所有不同群体学生的方法是很困难的，对实习教师而言，有效的差异化教学是需要一段时间才能学会的，不过，你可以通过观察其他教师如何教授某一类学生来加快这个过程。正如前面所提到的，你需要观察其他教师的授课，或者找到一位擅长教授某类学生的教师，并且询问他们是否愿意让你观察他们的教学。

问为什么

我们最后一个技巧叫作询问。在这个过程中，我们会质疑某事的含义，以便更好地理解它。例如，一个学生可能会忽然有一个新想法，并且询问为什么会这样。在这个过程中，他们会询问所讨论的概念的含义，将其与他们现有的理解联系起来，同时对其进行分析和检验。

在观察同事教学时，你要观察他们所做的一切，他们如何组织课堂，或者他们如何与学生互动，然后问自己“为什么”这种询问说明你即将透过现象看到本质。要了解本质，你必须知道它们的意义。在某种程度上，你必须分析所知信息才能做到。最后，你得出的结论可以在自己的教学中，或者通过与你听课的教师讨论来验证。

至此，我们即将结束这一章。自始至终我要传递的信息都很简单，优秀的实习教师掌控自己的发展。如果能做到上面概述的一些或所有想法，你就可以实现这一点。下面的反思性问题和反思性活动会为你提供进一步的帮助：

■ 反思性问题

- 你觉得从自己的错误中汲取教训容易吗？为什么？
- 为什么很多学生害怕失败，不愿意尝试新事物或尝试错误？（想想看，大多数年幼的孩子对此几乎一无所知）
- 在其他的学习经验中，反复尝试和犯错被证明是有帮助的吗？这些和教学培训有什么不同和相似之处？
- 你准备在多大程度上鼓励学生接受失败并从失败中汲取教训？在实际教学中你是如何做的呢？

- 作为一名教师，你想从你的发展中得到什么？你打算怎么做？

■ 反思性活动

- 在非教学背景下进行反复试验，例如，用你从未用过的食材做饭，或者试着搭一座四层楼高的纸牌屋。无论选择了什么，当你尝试去完成选择的事情时，仔细想想你所经历的学习过程。最后，考虑如何将你获得的见解应用到课堂上。

- 创建自己的观察模型。从头开始，找出你认为在观察别人教学时值得一看的六种类型。之后，找出在每个类型中你所发现的优点，作为观察模型的标准，你可能希望使用现有的观察模型作为起点。

- 在培训学校找一些刚刚培训合格的教师，和他们聊聊他们的培训期。询问他们的进展如何，他们采取了哪些步骤来掌控自己的职业发展，以及他们是如何实现这些目标的。然后，思考一下你可以从中学到什么，并用它来指导你自己的发展。

第九章

CHAPTER NINE

沟通

在我们即将结束如何成为一名优秀实习教师的旅程之际，让我们暂时回到起点，我们曾说过教学就是沟通。

我们的意思是，从本质上讲，教学是建立在师生互动的基础上的，这些互动依赖于沟通。这种沟通是一种交换信息和推动进步的过程，这一观点在第六章中引导教学法与讲授教学法中也有清晰的阐释。

作为一名教师，你所做的每一件事，至少在一定程度上，都应该从沟通的角度来看待。要做到这一点，你可以在每一步都问自己“我的沟通是否有效”。

你也可以再进一步问自己一个问题，例如，如何有效地促进学生之间的沟通？后者很重要，但我认为前者更重要。

至此，本章只研究如何确保教师的沟通尽可能有效。下面的技巧和策略将帮助你在表达期望、解释想法、提出问题、建立融洽关系和如何最大限度取得进步等方面取得巨大进步。我们将从头开始，从良好沟通的基本要素开始。

■ 良好沟通的要素

受众、目的、媒介和信息。

这些是最基本的，无论何时，当你想要进行良好的沟通时，回到这四个词，问问自己是否对每个词都有信心。如果是，那么你的沟通将会是有效的。

下面是对每一个要素的分析。

首先是受众。了解你的受众，意味着了解你想要与谁交流。在课堂上，这意味着你了解谁是你的学生，他们处在发展的哪个阶段，他们知道什么，不知道什么，他们如何才能更好地学习，以及什么才能吸引或激励他们。

如果掌握了这些信息，你就可以调整你的沟通方式，使其与你学生的情况相适应。简而言之，你对所教授的课程了解得越多，你就越有机会有效地与他们沟通。

因此，关注你的受众——学生，这个事实虽然简单，但会立即使你的教学计划和质量得到提升。如果你仔细考虑你班上学生的特点和他们之前所学过的知识，那么这些信息将有助于你在制订授课计划（包括教学资源）、课堂讲解和提出问题时与学生的情况更加吻合。

其次是目的。我们所说的目的是指你的目的，你沟通的目的是什么？明确和细化你的目的意味着你要更加清楚地知道你要交流的原因，以及你希望最终达到什么目标。

我们可以从本书中学到很多东西来帮助我们实现这一目标。首先，我们可以翻到开头几章，在这几章中，我们进一步加深了我们对教与学的理解。这种理解意味着我们对课堂教学的意义有了更加清晰的认识，也意味着我们对如何使课堂教学更好地发挥作用有了更加批判性的认识。

此外，在第五章、第六章我们分别探讨了如何制订课程计划，以及引导教学法与讲授教学法的应用，根据上述章节我们可以思考我们如何教学及其原因，我们教授什么内容学生才会取得最大的进步。同样，这也有助于我们更加明确自己进行沟通的目的。

这里有必要回到前面提到的一点，作为一名教师，你所做的沟通包括你创建的教学资源、你给予的反馈以及你所进行的教学。在教学的每个环节上（计划、教学、评分），沟通都是核心。

再次是媒介。媒介就是你沟通的手段，它包括你的声音、你的身体（身体语言）、微软办公软件幻灯片或交互式电子白板幻灯片、物质资源、多媒体资源（例如视频、音乐以及你用乐器发出的声音，等等）。

媒介影响信息的表达，例如，口头上的解释和在幻灯片上的书面解释在性质上是不同的。举一个简单的例子来证明这一点，思考一下不同幻灯片的设计对沟通内容的效果是如何产生影响的，现在，将其与口头沟通的形式进行比较。

在与学生交流时，想一想媒介是如何影响教师传达信息的。例如，在一项教学活动开始时，最好向学生提供书面和口头两种指导。这将有助于学生根据后者来检查自己对前者的理解，使他们确信已经正确地理解了这两种形式的内容。此外，口头指导可以保持教学的节奏感，而书面指导方便学生在活动过程中不断回顾活动的内容。

最后是信息。这是有效沟通的最后一个要素，也是最重要的要素，信息是指教师要传达的教学内容。

在了解了学生的信息、明确了我们的目的，并且考虑了我们将通过哪些媒介进行交流之后，就可以很轻松地设计易学好懂、关联性强、易于激发学习热情的教学内容了。

例如，一位优秀的教师与两个不同的班级沟通时，其沟通的方式也不尽相同。他会根据对学生的了解、不同的教学目的，以及在每种情况下哪种媒介可能最为有效来做出自己的判断。通过上述工作，他可以获取准确、充满挑战性的信息，这有助于他在教学中密切联系学生前期所学的知识，从而能够激发学生更大的学习热情。

为了更深入地理解这些观点，请观察你所在培训学校的两位教师—— 一位是善于沟通的教师，另一位可能在这方面遇到了困难。在此，我们不是要对后者展开批判，相反，我们是要对比这两位教师。这种对比将证明上面的观点，而且会进一步强调这四个沟通要素——受众、目的、媒介、信息。即使只是进行简短的思考和分析，也总是比没有要好很多。

介绍完沟通要素之后，在本章的其余部分我们将着重介绍具体案例。

■ 行为管理和建立融洽关系

良好的行为管理建立在三个要素之上：一致性、高要求和人际关系。我们将会单独部分讨论第二点，现在我们的重点是一致性和人际关系。

未来是未知的。我们知晓过去，也活在当下。如果我们可以预测未来，那么我们就会对周围的环境感到更加自在从容。从传统观念来看，在形态和大小稳定的人类社会中，正式规则、非正式规则或两者的结合都有助于我们预测未来。然而在规则被打破时，人们往往无法做到这一点。

就行为管理而言，一致性意味着学生知道未来会发生什么，这意味着他们可以更加容易、更加准确地预测未来，这有助于他们在你的课堂有更好的学习体验。

因为他们知道怎样才是符合或超过你的期望的行为方式。如果你言行不一，他们就很难做到这一点，因为学生们无法确信某个行为是否符合你的要求。

所有这些都意味着要进行良好的行为管理，教师在规章制度、惩罚措施和对学生的期望等方面需要保持一致性。如果是这样，学生们很快就会知道教师的期望是什么。如果答案是否定的，他们便会陷入迷惑，这种不确定性对几乎所有情况下的行为都会产生有害影响。

此外，如果你对于行为管理的要求不一致，你会发现行使权力时也困难重重，这种不一致性将削弱你有效行动的能力。如果你对实施惩罚采取了不一致的做法，那么最终被惩罚的学生完全有权利质疑被惩罚的合法性，因为这似乎是一时心血来潮的偶然之举，而不是一种可预测的、根据规章制度做出的合理行为。

同样，如果你在这节课上这样规定而在另一节课上那样规定，学生很可能会质疑你是否完全了解如何管理班级。例如，在某一节课上我们允许学生大声喧闹，然后下一节课，我们却要求他们必须在课上保持安静。这可能会引起一些学生的惊讶和反感，他们会这样问：为什么这节课和上节课的要求不一样呢？

因此，在整个培训期间，学会在行为期望、规章制度、惩罚措施和表扬等方面尽可能一致是至关重要的。这可能会在短期内产生一些负面的体验，例如，当学生抗议或试图挑战你的建议时。但从长远来看益处很多，学生将会明白你对他们的要求是什么，并且能够以此规范自己的行为。

现在我们来谈谈人际关系，这是良好行为管理的另一个基本要素。

建立人际关系意味着建立融洽的关系，融洽的人际关系是指与个人或团体有效沟通的能力。如果我们不了解别人，如果我们对他知之甚少，如果我们不考虑他的看法，那么就没有办法与之建立融洽的关系，这会影响以后我们与他的关系。

在课堂上，牢固而又融洽的关系意味着学生和教师会为一个共同的目标而努力。这也是良好的行为管理依赖于积极关系的发展和维护的原因。

当然，重要的是要记住你和学生的关系应该是友好的，而不是朋友的关系，必须始终保持距离。你是成年人，他们是学生。这种关系不可能是绝对平等的关系，因为你是专业人士，你既需要行使你的权威，也需要在可能学生不太愿意的情况下做出决定，因为这些决定符合学生的最大利益。

以下是与学生建立融洽关系的七个简单方法：

提出问题。你周末过得愉快吗？你今天过得怎么样？你觉得家庭作业怎么样？我们都喜欢别人问我们生活中的问题，这些问题表明问题的提出者对我们感兴趣，且认为我们很重要，值得交谈。

聆听。无论什么时候学生和你说话，确保你在听。仔细聆听，这意味着要密切注意他们说的话，并且表明你已经听了。你可以通过肢体语言、眼神交流，以一种明确考虑到对方所说内容的方式回应对方。我知道这些都是显而易见的，但是，在课堂上必须不断维持纪律的可怕经历往往会让我们忘记这些。

在门口迎接学生。如果可能的话，站在教室门口，在学生进来的时候问候他们。在理想情况下，你可以在黑板上写下预备活动的内容，以便学生可以直接开始学习。问候学生意味着你是负责并掌控课堂的人，也说明教师对学生的态度是礼貌、友好、积极、欢迎的。

以身作则，为学生示范恰当的行为。礼貌是一片金叶，为最平凡的交往镀金。请时刻保持礼貌，这样，你将成为学生的优秀榜样，激发他们积极的情绪，并让他们意识到尊重他人感受的重要性。

在课程结束时感谢他们。当课程结束时，感谢学生们的努力和参与。再一次感谢，表明你愿意花时间公开承认学生的重要性和他们在你的教学中扮演的重要角色。当然，如果一个班级表现不好，那就不应该感谢他们。在这些情况下，你应该决定那些表现良好的人是否值得感谢，或者是否与学生分享你的失望，并且明确表达你的期望，希望下节课情况会有所改善。

保持乐观和热情。热情是会感染人的，我们对积极的人都很热情，就这么简单！

保持坚定和直接。这是对前面关于沟通一致性观点的扩展。坚定意味着设定明确的界限并且坚持下去，直接意味着清晰地交流，给学生提供成功所需的信息。消除歧义会让学生学习起来更容易，也会让他们更容易被你吸引。

■ 高要求

关于行为管理和有效沟通，我们要考虑的最后一个要素是要求。在课堂上你只有一种要求：高要求！

我们要随时向学生传达我们的要求。当我们和他们交谈时，当我们倾听他们时，通过我们的肢体语言、我们计划的课程、我们提出的问题，等等。在计划、教学和评分时，我们总是在不断地传达我们的要求。

一个简单事实：所有的教师都知道，学生们几乎不会辜负你的要求与期望。没有什么比看到教师对学生要求很低，然后情况就真正变得如此而更加令人沮丧的了。

另外，在这份工作中，没有什么比让学生不断达到并超越你的较高要求更有意义的了。

举一个我自己教学的例子。有一年9月，我给九年级上了一堂新课，我说“新”是因为我从来没有教过他们。有一个孩子的名字我很熟悉，因为他在上一学年时就因为经常惹麻烦和捣乱而出名。现在我面临着一个选择：要么根据他的性格和行为对他降低要求，要么对他一视同仁，与对其他学生的要求保持一致。

我选择了后者，不久之后，他就可以写出干净整洁的作业，这一整年他都很专注、认真且十分有礼貌。如果他表现不佳，我就批评他，但我也会赞扬他的努力和他的奇思妙想，效果非常好。

我并非创造奇迹的人，虽然这个小插曲是真的，得到全国成千上万教师的认同。我的分享只是为了说明这一点，教师的要求越高，学生们受益越大。有些要求可能无法达到，或者有时你会觉得这些要求没有产生任何效果。但与其他选择相比，保持较高要求总是会让你和你的学生更为受益。

你可以对自己做的每一件事都提出很高的要求：穿着得体、井然有序、准备充足。对学生也要如此，对每位学生都提出要求与挑战，告诉他们你希望每个人都尽最大的努力学习，当他们努力的时候赞美他们。如果有学生半途而废，对你说“我不知道”或者耸耸肩膀表示无所谓等消极行为时，请用一种鼓励、积极的方式去拒绝。对不同的学生提出不同的要求，给予他们时间去实施，然后引导他们关注自己取得的进步。鼓励能力较差的学生去完成拓展性的学习任务，鼓励更有能力的学生探究自己的兴趣，帮助他人，完成更具有挑战性的学习任务。

这些都是你可以借鉴的真实案例。

根据经验，当你在计划、教授课程以及给学生评分时，问问自己你的做法是否对学生提出很高的要求。考虑一下你还能做些什么来传达这一信息，或者你可能需要删去哪些内容，因为它们破坏了教学的核心原则。

还有一点需要指出：如果你不确定你是否接受我的观点，即所有的学生都会达到或低于你设定的要求，找时间观察被教师认为在某一学科成绩较差，而在另一学科恰恰相反的学生，这些观察将会使你受益。

当然，我不是在推卸自己作为教师的责任。但是显然，无论在哪里学生们都有责任表现良好、努力学习。不管这些要求从何而来，或许是教师提出的，也可能是学生自己提出的，高要求总是会比低要求更有益学生的进步。

也许就这一点而言，最明显的例子就是因为教师的要求不同，同一名学生会在两节课上精神状态完全不一样。在一节课上他坐姿笔直、神态专注，而在另一节课上却表现得懈怠慵懒。这个事例（同样，学生也要对自己有较高要求）提醒我们，教师对学生的要求可以影响学生如何看待自己以及他们与学习的关系。

优秀的行为管理几乎总是不可避免地建立在高要求的基础之上，

它对于教师的授课质量起到至关重要的作用。

■ 优秀教师的标志：有效的讲解

在本章的第二部分，我们将从行为管理转向教学的一些具体细节。我们首先探讨讲解的技巧，然后是如何提问，最后了解对学习成绩有较大影响的两种沟通策略。

有效的讲解是优秀教师的标志，很多知识需要作为授课内容的一部分来讲解，例如，理念、信息、概念、知识之间的联系、研究方法、学生需要做的事情以及解决问题的方法，等等。

这里有三条简单的规则将帮助你提高讲解的质量。

第一，先在心里练习一遍，再讲解给学生听或写下来，这既有助改进讲解技巧，也减少了学生听不懂的可能性。

第二，用其他信息来补充口头或书面讲解。它可以是视觉上的，例如，图像、手势或演示等。用非语言媒介补充教师的语言讲解，让学生有机会通过不同的教学形式获取你传达的信息。此外，通过比较两个来源的信息，学生可以检查自己是否正确理解了你的讲解。

第三，如果可能的话，将学生先前的知识和经验与你的讲解联系起来，这种方法虽然简单，但却可以将你的讲解与已知的知识背景联系起来。这样做可以帮助学生利用旧知识来理解你讲授的新知识，使得他们在新、旧知识之间建立起联系。

除此之外，为了找到哪种讲授方法适合你，还应探索各种讲解技巧，拥有多种教学技巧意味着你可以根据教学中不同的情况采用不同的技巧。以下是一些讲解策略：

- 类比

- 图片
- 图表
- 流程图
- 实例
- 样例
- 反面示例（这是不对的，因为……）
- 标准示例（带注释或不带注释）
- 同义词和反义词
- 隐喻
- 演示
- 说明
- 循序渐进的指导
- 实践经验
- 案例研究
- 故事
- 视频
- 音频
- 表格

在每一种情况下，我们目的都是相同的，即允许其他人访问我们知道的内容。然而这些方法各不相同，适用的教学内容也不尽相同。

在决定你认为哪种讲解策略最好的时候，回到上面概述的沟通要点：受众、目的、媒介和信息。这可以帮助你快速、准确地做出有益于教学的选择。同样值得注意的是，使用两种或三种讲解策略，无论是同时使用还是连续使用，都是一种很好的技巧，这样使你可以通过多种不同的方式让学生了解你的授课内容。

在我们授课的过程中，我们能使用的另一种技巧是重新讲解。我们可以进行第二次、第三次甚至是第四次讲解，以便帮助那些在第一次讲解时可能没有听懂的学生。为了达到这一目的，通常，重新讲解需要讲得更加简单明了，教师应该使用不同于第一次讲解的策略，或者是多种教学技巧。

最后一种有效讲解的技巧是让学生互相解释给对方听。例如，教师首先解释在学习任务中希望学生们做什么。然后，要求一到两位学生重新向全班同学解释这个问题。或者我们先讲解一个新概念，测试哪些学生已经掌握了它，然后请他们向那些难以理解这个概念的学生进行解释。

这样做的好处在于，学生之间的倾听和交谈方式与师生之间的方式不同，学生的讲解会提供一个不同的视角来帮助他们理解信息和概念。

■ 优秀教师的标志：有效的提问

现在我们进入提问环节，这是教学实践中不可分割的一部分。好的提问总会带来好的结果，这样的提问之所以有效是因为教师考虑过如何与学生交流，这有助于他们提出更好的问题。在这里，让我向你展示五个简单的技巧，你可以使用它们来确保你的提问达到高标准。

开放式问题和封闭式问题。封闭式问题非常有用，特别是当我们想要检查知识理解、测试记忆效果的时候。然而，开放式问题的应用范围更广，它们可以激发学生的发散式思维，这种问题更加依赖以推理、证据和举例等方式得出答案，因此，它们会促使学生思考。开放性问题可以用于授课过程中，设定授课目标来组织教学活动和复习总结，它们也是所有高质量讨论（即一对一、成对、小组或全班讨论）的基础。在职业生涯的早期，把一些发人深省的开放性问题纳入到你的授课计划中是极为有价值的，千万不要把它们留到最后一刻去解决。通过这种方式，你可以锻炼自己提出高质量问题的能力。

可能会。什么是民主？民主可能是什么？二者差别不大，但很有启发性。第一个问题表明知识是封闭的，答案是单一的、现成的，只要搜索就可以找到。第二个问题是开放的、暂时的，隐含的信息是它存在许多可能的答案，回答者要设法找到其中的一个，并且要通过推理和证据来支持它。因此，在你的问题中插入“可能”这个词，是一种非常有用的方式，可以表达你对一个问题多种答案的期待。

理由合理。教师要求所有答案都必须合理，这意味着学生们开始理解回答问题时，妄下断言是不可接受的。这意味着，无论你什么时候提问，学生们都不会胡乱作答，因为他们的回答不仅仅是一个答案，而是一个基于推理的答案。让学生们养成证明自己的答案理由合理的习惯需要时间，坚持不懈会带来巨大的回报。与其他情况相比，这将会引发学生更多的思考，他们也会花更多的时间阐明自己的思维过程。这意味着你能够清楚地了解他们学会并理解了哪些知识，同时他们也有机会优化、反思自己的想法。

探究问题的根源。这通常被用于真正的问题之前，简单的例子包括：谁、什么、在哪里、什么时候、为什么和如何（人物、事件、地点、时间、原因和做法）。更复杂的例子包括：在多大程度上……，你同意……吗，有可能……吗，为什么有人会认为……呢，等等。在你所教授的科目或年级里，熟练使用一系列问题探究所学知识的根源，这对你的教学大有裨益。无论什么时候需要问这样的问题，无论是授课的时候还是在做课程计划的时候，你都可以使用它们，使用其中一个问题，并以此为基础设计出更好的问题。

教室门口的问题。我们之前提到过如何问候学生会产生良好的效果，的确它也是一种很好的教学技巧，教师通过它可以传达积极向上的态度以及对学生很高的期望。当学生走进教室时，你可以问他们一些具有挑战性的问题。这样做可以促使学生思考，同时也传达了一个明确的信息，即在教室里我们要专注于学习知识，加深理解。在每节课开始时这样做可能不太合适，但它确实值得经常使用。

■ 展示成功的准则

现在要介绍我们可以用来帮助提高成绩的两种沟通策略，第一个是展示成功的标准，第二个（见下文）是建立成功标准的模型。

成功的标准是指学生要想成功就必须达到的标准，每个教学任务都有一套成功的标准。

向学生解释清楚这样做他们会更容易获得成功。

简单地说，如果我们知道需要做什么才能获得成功，那么我们就可以把精力集中于此。反之，如果我们不知道我们需要做什么才能获得成功，或者这些信息是不明确的，那么我们就很难成功。

你可以通过多种方式使学生明白成功的标准是什么。在你这么做之前，重要的一点是你要了解在某一堂课或教学任务中成功的标准是什么。这包括明确较高水平和较低水平的成功分别是什么样子，这也说明并非所有学生都能取得相同标准的成功。此外，你应该确保你的成功标准具有适当的挑战性，但又足够容易达到，以产生良好的教学效果。这也与我们之前的观点相吻合，即始终如一地向学生表达高要求。

下面的方法可以帮助你展示成功的标准：

- 自我评估和他人评估。学生可以通过参与评估过程和批判性地审视学习活动（他们自己的或他人的）来了解成功需要做些什么。
- 在完成任务的过程中，把它们写在黑板上或纸上，学生在完成学习活动时可以参考这些内容。
- 在课程或教学任务开始时向学生口头解释。
- 展示符合成功标准的范本，你可以对这些范本进行注解，让学生对成功的标准有更加清晰的认识。
- 建立成功标准的模型，这个模型可以是口头的，也可以是视觉的，它还可以包括对学生成功所需的思维过程类型的建模。
- 向学生提供学习时可以参考的清单，清单可以采用问题或陈述的形式，它们可以是具体的任务，也可以是宽泛的要求。例如，在后一种情况下，我们可能会给学生一份实用的非小说类作品清单，允许他们在每次创作这类作品时，无论主题是什么，都可以参考使用。

总之，如果你能够找到行之有效的方法帮助学生明确什么是成功标准，那么你就更有可能引导他们朝着正确的方向努力，这将有助于他们提高成就。

■ 建立成功标准的模型

这一点我们已经多次提到，在这里，我们只讨论前面没有提到的观点，并提供一些你可以在自己的教学中借鉴的案例。

建立成功标准的模型意味着明确告诉学生你希望他们做什么，或者他们为获得成功需要做些什么，它包括：

- 告诉学生你希望他们如何参与一项学习任务。
- 告诉学生如何思考一个特定的主题。
- 告诉学生一件成功的作品是什么样子。
- 演示如何在某种情况下应用某一特定的思维过程（如解决问题）。
- 向学生展示事物的意义。

上述每一种情况都体现了社会学习理论的发现在教学中的应用，这说明了下面观点我们虽然熟悉，但在课堂上却常常被忽视：

我们都是通过观察和模仿来学习的。

事实上，这是一种非常有效的学习方法。诚然，这不是唯一的方法，但却是一个极为重要的方法。

优秀的教师通过在日常授课中建立成功标准的模型，来帮助学生获取思想、信息和思维方式，这就产生了有效的沟通。通过提供学生可以复制、模仿、内化和发展的口头、书面或视觉模型，所有形式的信息传递都得到了加强。

如果在制订授课计划、给学生评分的时候，尤其是在教学的时候你能考虑到这一点的话，学生的水平会大幅度提高，其他的喜人效果很快也会随之而来。

最后，我们通过一些反思性问题和反思性活动来回顾这一章的内容。

■ 反思性问题

- 你是否非常关注与学生的交流？
- 你在学校的时候，哪些教师能够与你和其他同学建立起积极的关系？他们是如何做到的？他们使用了什么技巧？你能从中学到什么来提高自己呢？

- 你会如何形容教室的气氛？选择三个词来概括你想要的气氛。你会如何就此与学生们沟通？
- 为什么有些问题比其他问题设计得好？请证明你的答案。
- 你最后一次根据成功的标准进行学习是什么时候？你当时知道这个过程正在发生吗？

■ 反思性活动

- 在课间或午餐时间在校园里散步，观察教师是如何与学生交流的。思考他们所传达的信息，无论是好的、坏的还是无关紧要的。通过这个观察结果来反思我们在多大程度上采用了非语言交流的方式，以及它在教学过程中可能产生的影响（也许是没有预料到的）。
- 在视频网站上观看一些使用提问技巧娴熟的人，比如聊天节目主持人、记者、政治领域的面试官和律师都是你可以学习的好榜样。思考他们的问题如何影响最终回答的内容，然后，思考一下如何将你的发现应用到自己的课堂提问中。
- 选择四到五个与你的专业领域相关的难以实施或具有挑战性的想法，找出你如何为学生建立视觉、语言和写作的标准模型。在每一种情况下，考虑哪种方法最能帮助学生获取信息，然后模仿你想要传达的信息。

第十章

CHAPTER TEN

从A到B营造进步的氛围

在最后一章，我们要阐明你需要做什么才能成为一名优秀的实习教师，本书一直贯穿着同一个主题——进步，包括努力学习和提高成绩。

作为教师，我们都想帮助学生学习，学生学习的过程就是他们取得进步的过程。我们给他们提供的帮助越多，他们的进步就越大。当然，并非每一节课都能立即看到进步。有时我们会在某一节课中看到进步，有时会在许多节课中看到进步。这反映了这样一个事实，即进步是不均衡的，即使在性质上也很少一致。

同时，这也表明进步是可以衡量的，尽管这种衡量并不总是根据学生的测试成绩得出的总结性评估。更多的时候，它可能是一个由教师做出的定性判断，即你需要考虑到学生以前学过什么，他们现在要学什么，以及他们怎样才能提高自己。

无论我们怎么想，进步仍然是我们的目标。我们知道，如果学生比以前了解得更多、理解得更深、能做得更好，那么我们的课程就已经产生了积极的影响。到目前为止，书中所讨论和列举的一切方法和技巧都将帮助你在课堂上取得更大的进步。下面，我将进一步总结你可以在教学中使用的理念和手段，尽管我们还没有对它们进行充分的论证。

■ 行为管理回顾

在上一章中，我们研究了在课堂上培养积极行为管理的各种方法。这值得我们多花时间思考，如果我们想要取得巨大进步，那么学生良好的行为和积极的参与是非常重要的。

在一个纪律不佳的教室里，有两件事随之而来。首先，学生没有把他们的注意力放在学习上。其次，教师的教学效果不佳。

这两点都阻碍了学生的学习，导致班级成绩下滑，同时也降低了学生的学习乐趣和学习效率。

首先，课堂时间没有得到有效利用，学生没有按照教师希望的那样努力学习。其次，教师不得不降低教学要求，在制订授课计划时，教师根据先前的经验假设这个存在问题的班级只能完成一部分教学任务。

理想的情况是学生在课堂上能够自始至终都专注学习，积极参与课堂教学内容，同时他们努力达到熟巧程度，而且师生关系融洽，我们可以尝试一系列的教与学的活动，学生对学习知识充满信心，并且积极响应教师。

前面概述的所有内容都可以帮助你实现这些目标。此外，下面的技巧也很实用。

在活动中训练学生。教师选择一系列教学活动，然后在一个学期或更长时间内重复使用这些活动。这样做可以帮助你训练学生参与相关的活动，使他们能够越来越有效地参与到活动中来。

我们还能注意到，当你向学生介绍一项新活动时，第一次参与的结果可能不如他们熟悉了这个活动后参与的结果好。在你实习期间，当你尝试一系列不同的教学活动时，要意识到这种行为本身会使行为管理变得更棘手。但这不应该成为阻止你去尝试的理由，你必须这样做，以便学习和掌握多种教学技巧，但提前认识到潜在的后果总是有帮助的。

关注细节。如果你这样做，那么你可能注意不到一些大事情。举个例子，如果学生的书面作业写得不好，或者他们没有集中精力完成一项活动，你因此告诫他们，那么讨论和改变的焦点就会集中在这里。如果你忽略了这些小事情，那可能是因为你的注意力都转移到更大的事情上，例如，学生没有完成书面作业，或者主动地破坏一项教学活动。

这一点使我们回想起我们在前面提到的高要求的观点。我们可以告诉学生我们设定的高标准是什么，并且使其成为我们课堂上的规范，这样做就是为了教会学生关注细节。需要注意的是，当这样做的时候，你应该尽量避免给人留下琐碎的印象，因为这不利建立融洽而又积极的师生关系。

让转换不留痕迹。转换是指你从一个教学活动转移到另一个教学活动。例如，我们有一个活动，其中包括预备活动、反馈、对课程的讲解、对主要活动的介绍，以及学生开始进行该活动，那么这个活动有四次转换。每一次转变都有可能使教学节奏放慢，并且导致偏离任务的行为发生。

有两点值得注意。第一，避免设计包含大量转换的授课内容。第二，当你确实需要转变学习内容的时候，你要巧妙地处理它，使学生们察觉不到。例如，你可以在讨论课程内容的时候在黑板上列出第一个活动的说明，这避免了必须停止讲解，调换幻灯片，然后继续的过程。

一点一滴地积累。实习的时候，我们会面对一种巨大的诱惑，即想要一次完成所有的事情。成为一名教师是令人兴奋的，我们渴望尽快尝试我们所有的想法。然而如果可以的话，试着抵制这种诱惑。相反，一点一点地积累才是你的目标。首先集中精力在一个你想尝试的想法上，然后引入第二个、第三个、第四个，等等。

以这种方式工作可以让你打下坚实的基础，它还能阻止你在教学时注意力被分散。如果你试图同时做所有的事，那么你的教学效果一定会受到影响。因为学生们有太多的事情需要集中精力，而你也会疲于应付，以至于你可能没有足够的时间和精力来营造一个积极的课堂氛围。

一开始就严格要求。俗话说“圣诞节前不要笑”，虽然我自己不会真的这样做，但我们应该记住这句话所体现的真理。即一开始就要严格要求学生，这比一开始很温和后来又很严厉，效果要好得多。

严格并不意味着粗鲁、唐突或给学生灌输恐惧感，绝非如此！

这仅仅意味着从一开始你就要坚定和自信，把注意力集中在细节上，确保你不会漏掉任何事情。当你这样做的时候，你可以告诉学生为什么这样做很重要（即保持学习的中心地位，并营造一个人人都可以成功的环境）。这将使你的教学富有意义，并确保学生明白你所做的一切都是为了帮助和支持他们。

■ 建立实质性规范

现在我们来看看教室里的规范，规范是不成文的行为准则，这些规则很少被阐明，但却被广泛理解和认同。例如，在超市结账时排队等候是一种规范，就像在餐桌上用刀叉吃饭是一种规范一样，这些不成文的规则支撑着我们在社交场合的行为。

那么，你们教室的规范是什么呢？或者换句话说，你希望你的课堂规范是什么？

这些问题很重要。如果你花时间考虑你想要建立的规范，就能将你的努力和精力用于成功建立这些规范。如果不事先这样想，你会发现为取得进步创造一个良好环境的过程更加困难。

让我们看一个例子来说明这一点。

在开始我们的培训之前，我们决定在课堂上建立的规范之一是人们应该积极地相互倾听，这说明他们会通过肢体语言向对方表明他们在倾听，他们会集中注意力，进行眼神交流，并提出相关的问题。

有了这个想法，我们就可以在教学的同时采取行动把规范建立起来。我们会告诉学生一系列的规定，为他们树立积极倾听的榜样，表扬其中遵守规则的学生，并告诫那些违反规定的学生。

所有这些都有助于建立规范，如果我们不知道我们想要什么或者为什么想要，制定规范的进程就不会这么快。

大多数优秀的教师都清楚地知道他们希望学生在课堂上遵守什么样的规范，然后，他们会清楚地告诉学生，并努力确保学生会达到他们的要求。这反过来又有助于他们取得优异的教学成绩，因为他们的课堂以一种他们预先设定的方式发挥了作用，这对师生都是有益的。

这里有五个步骤，你可以通过它们来明晰并制定你想要的规范。

步骤1：一般性行为规范。

首先，坐下来想一想你希望在课堂上明确的一般性行为规范，通常，这些都是不成文的规则，你希望学生在所有或大部分时间遵守。其中可能包括尊重他人，在每一项活动中都付出努力，在面临挑战时不放弃，等等。

步骤2：具体规范。

接下来，考虑你希望看到的具体规范，我们所说的具体规范往往适用于特定的情况。例如，你希望学生如何进入课堂？你希望他们怎样开始上课？你希望他们在参加某些活动时做什么，是说还是听？这里我们考虑的是在特定的环境下，一般性规范将无法发挥作用。

步骤3：沟通。

然后，思考一下你如何将这些规范传达给学生，这在你一开始教授某一班级的时候尤其重要。学生并不熟悉你想要制定的规范，只有你告诉他们，他们才会知道。你可以选择比较正式的方式，如书面规范，或者也可以选择不那么正式的方式，只是树立榜样和做口头的解释。

步骤4：表扬。

要想建立和维护你想制定的规范，一个很好的方式就是表扬。表扬那些遵守行为规范的学生，为其他学生树立一个积极的榜样。表扬将注意力吸引到你想要的行为上，教师可以通过表扬学生遵守班级的规范来强化这一点。

步骤5：惩罚。

表扬的另一面是惩罚。如果学生违反了班级规范，就需要实施惩罚，否则，很可能会产生一种感觉，即使违反班级规范也不用承担任何后果。惩罚措施包括不予表扬、警告不当行为和一些非言语的手势（如皱眉和摇头）。如果情况允许，也可以惩罚学生留在教室里，等等。

总之，我们可以说，营造进步的氛围在一定程度上取决于你要求建立的各种规范，这些规范不仅促使学生取得进步，而且可以帮助他们取得最大的进步。为了有效地做到这一点，你应该考虑在课堂中你想看到什么样的规范，然后把这些信息传达给学生。最后，你应该始终如一地使用表扬和惩罚措施（可能偏向前者而不是后者）来确保这些规范在整个教学过程中得到维护。

■ 班级的价值观

价值观是支撑我们行动的信念，它们非常重要，大多数规范都是由我们拥有的某些价值观决定的。例如，当我们第一次见到别人时打招呼的规范，部分源于我们重视礼貌、友谊和尊重的事实。

就像你的课堂规范一样，价值观是由你自己设定的。如果你不想设定价值观，或者你只是敷衍了事，那么就不会取得成功，因为你没有认真思考你想要用什么价值观来支持你的教学和学生的学习。

在某种程度上，班级的价值观取决于你所教授的科目或学生的年龄。这反映了这样一个事实，即某些事物在某些学科中享有特权，并且与儿童和青少年发展的某些阶段有关。

确定你的价值观的第一步是考虑你为什么选择成为一名教师，以及你希望通过教师这个职业实现什么理想或者愿望。很多人加入这个队伍是因为他们认为这份工作本身就有回报，而这份回报来自一个简单的事实，即你的工作就是帮助和支持他人。

一旦你开始沿着这条反思之路走下去，很快就会找到激励你做出选择的核心价值观，这些也会成为你班级价值观的基础。

下一步就是把你认为学生可以从中学习或者获得经验的那些价值观也加入其中。在此，我们还要考虑我们作为教师担负的更广泛的责任，即帮助儿童和年轻人社会化，使他们养成良好的行为和思维方式。这就是学习具有的道德价值，它是隐性课程的一部分（隐性课程的内容是潜移默化的，不像正式课程那样规定严格，必须由知识、理解和技能组成）。

最后，我们需要考虑的是，当这些价值观得到实施时，它们将帮助我们营造一种以学习为中心，从而帮助学生取得最大进步的环境。

你可以把上述三点放在一起，凝练成一个核心价值，它包括你自己对教学的信念、学生在成长过程中要学习的重要内容，以及促进学习和帮助学生取得良好成绩的规范。

在经历了这个过程之后，你会拥有一系列价值观，在你做决定的时候也会更加得心应手。当你要做出一个艰难的决定，或者前进的道路不明确时，这一点尤其有用。你可以根据自己的价值观来决定做出何种选择，这样，你将能够做出一个符合自己的核心目标的判断。

明确你的价值观的另一个好处是，当遇到麻烦时，你就有参考的标准了。如果你在课堂上出了差错，如果你觉得被工作拖累，如果你无法实现一个目标……在所有这些情况下，重温你的价值观，那么你就能够重新振作起来，提醒自己为什么要参加培训，并且通过这个过程，帮助自己获得成功。

因此，拥有一套清晰的价值观会帮助你在解决困难时变得更加容易。当然，这一点你也要告诉学生，正如我们所看到的那样，这样做将为他们提供一种工具，即一种思维方式，从中可以得到许多益处。

就进步而言，即我们这一章的主题，上面所阐释的内容都与你的价值观对你的决策产生的影响有关，都将有助于你在课堂上帮助学生取得最大的进步。

■ 有效地评分

本书的最后两部分在本质上是反思。规范和价值观固然重要，但我们也需要思考课堂教学环境及其支撑理念。在这一节和下一节中，我们的重点将更加实际一些。我们将演示上面阐释的一些思维技巧。首先我们讨论如何有效地评分，然后再讨论如何进行反馈。

这两者是紧密相连的，毕竟，评分包括提供反馈，把它们分开可以使得我们更清晰地看到每一部分。

关于评分，我们要说三点：

- 有效的分数有助于学生进步。
- 给学生机会来思考通过你的评分传达的信息。
- 一般来说，当说到评分时，少即是多（在这里，我们的意思是评分的频率要低，但要注重细节）。

同样地，评分在帮助学生进步方面起着至关重要的作用。通过评分，你能够了解学生的学习水平，他们学会了什么，他们有什么能力。同时，这也是一个机会，使他们知道自己还有哪些需要改进的地方。

因此，评分就是获取和使用信息的过程。我们从中可以了解学生的想法、掌握知识的情况以及他们的能力，然后我们用这些信息来指导我们制订授课计划，帮助他们进步。

■ 形成性评分与总结性评分

评分一般分为两类：形成性评分和总结性评分。形成性评分是我们给学生的定性信息，解释他们在哪些方面做得好以及在哪些方面需要改进。总结性评分是我们对学生的学习进行总结，以数字、分数或等级等定量形式呈现这些信息，两者都是重要的。

你应该定期给学生的作业进行总结性评分，并把这些分数登记在成绩手册上，这将便于你追踪学生的进步情况（见下文）。然而，通常形成性评分会使学生更加受益。这种评分方式包含更多有用的信息，而等级或评分却不包含这些信息。下面举例说明：

总结性评分：65%

形成性标记：丽贝卡，你的文章包含了一系列你用来有效说明你的观点的例子。在清楚地陈述你的想法和原因之前，你也已经给出了一个总结论点的结论。要想改进的话，你应该尝试使用更多的关键字，这样你的写作才会更具有学术性，而这恰恰是考官想要的。

形成性反馈是帮助学生进一步学习的反馈。

总结性反馈是总结学生所知知识的反馈。

一个好的经验法则是定期给学生提供形成性反馈，并把分数登记在册，在一年中规定的时间公布学生成绩。这样，你就能使他们专注于通过努力来追求进步。

■ 记录和跟踪

这是评分的一个重要方面，在实习之后，当你正式教授某一门课程，而且要教很长一段时间时，它将在你的工作中发挥很大的作用。

因此，我们要尽快掌握如何评分。

你需要一本记分手册，有些教师喜欢用纸质的，有些教师则喜欢使用Excel电子表格，你可以记录你给学生各种作业的分数或等级。

这样做的好处主要是，你可以对你的记分手册进行分析，随着时间的推移，你会看到学生学习的发展趋势和模式，然后你可以利用这些信息进行干预。例如，某位学生在几个月的时间里成绩停滞不前，而另一位学生的成绩出现了下滑。在这两种情况下，你可以根据记分手册上的成绩采取措施进行干预。这样，你就能够帮助学生解决问题，最大限度地促进学生进步。如果你不记录学生作业的分数，这将很难实现。

■ 进行评估

在对学生进行评估时，你应该仔细考虑你想让学生做什么，然后就此给予评分。在理想情况下，你要求学生完成的作业应该内容丰富、数量大和涉及范围广，这样你才能对学生的学习情况有一个准确的认识。

评估内容可以是正式的，如测试、论文等，也可以是非正式的，学生可以单独、成对或分组进行。从本质上说，评估就是让学生展示他们学习成果的机会。因此，如果你想成为一名优秀的实习教师，就需要创造机会，让学生能够充分展示他们的能力。

第二点要考虑的是，你是否想在你的评估中加入一些方法和手段，你可以借此测试学生对容易产生误解的知识的理解情况。例如，你授课内容中某个观点经常被误解，那么你可能会选择一个与此相关的具体问题作为测试的一部分。这样，在评估学生能力的过程中，我们就可以获得对学生有帮助的信息。

清楚你评分的原因

在评分时，知道你在查找什么问题，这会对你很有帮助，这样可以节省时间，提高效率。能够做到这一点在一定程度上是经验的结果，然而，有两种技巧可以从培训一开始就使用。

首先，回顾你所教课程要求的教学目标和结果。在给学生的作业评分时，注意观察他们在这些方面是否遇到过问题。

其次，告诉学生你在课堂上设定的成功标准（见前一章）。如果你能这样做的话，评分过程会变得简单得多。

当然，在许多情况下，你还可以使用外部评分方案或标准来进行评分。不管怎样，上述两种策略总是有用的。

定期评分

我们之前说过，评分是极为有效的手段，但在使用的时候不宜频率太高，而且应该注重细节。这并不意味着它是不定期的，远非如此。事实上，如果你想了解学生的学习情况，并且总能告诉他们需要做些什么来获得提高，那么定期给学生的作业打分是非常必要的。

所以你需要决定定期对你意味着什么。这样做的时候，你要在深入了解学生的思维状况和确保你的分数对他们有影响力之间找到平衡。如果你打分的频率太高，学生就没有机会将你给予他们的反馈付诸实践，此外，你会发现很难发现他们取得了什么样的进展。这是因为你离得太近，没有足够的距离来准确地观察他们的进步。

有效的反馈

现在我们来看看反馈。如果说评分是一个评价的过程，那么反馈就是评价的内容。评分是我们对学生的评价，反馈则是我们给予学生的帮助。

形成性反馈

如前所述，与总结性反馈相比，形成性反馈为学生提供更多的信息，这些信息会帮助他们了解自己哪些方面做得好，哪些方面需要改进。这样就相当于设定了成功的标准，并且指导学生取得进步。

一般来说，先表扬学生两到三个优点再为其设定一个目标是较好的方法。有以下两个原因：首先，教师表扬的优点越多，学生就越有可能积极地接受建设性批评。其次，只为学生设定一个目标就足够了。再多一些的话，学生就会为多个目标而分神。这削弱了他们有效行动的能力，意味着他们的精力被分散了，无法只集中在一件具体的事情上。

当学生成功地实现了一个目标，再给他们设定下一个目标，但在那之前不要设立多个目标。

书面反馈

反馈可以采取不同的形式，最常见的两种是书面和口头（非语言是第三种）。书面反馈主要是指教师批改学生作业，打分然后归还。

这里有一些建议，可以帮助你尽可能地提高效率。

1. 遵循上面已经给出的建议。

2. 使用学生的名字给予个性化反馈。这是激励，也显得特别有针对性，学生也会因此认真对待教师的反馈。

3. 字迹清楚，如果学生不能读懂你的反馈，他们就会忽略它。

4. 给学生时间阅读你的反馈，去思考这些反馈，去和你或者他们的伙伴讨论。

5. 为学生提供根据你的反馈加以改善的机会（更多信息见下文）。

口头反馈

口头反馈主要是指教师在课堂上给个人、小组或整个班级的指导意见，如果清晰、明确，而且还有某种示例或模型的话，它是最有效的。在教学活动中，教师要在教室里来回走动，提供口头反馈，帮助学生取得更大的进步。例如：

- 帮助学生采用不同的方法来思考同一个概念。
- 拓展和挑战学生的思维。
- 说明到目前为止这项工作的优点和以及为什么要做。
- 说明如何改进这项工作以及为什么这样做就是改进。
- 重新指导那些偏离任务的学生。

一种有效的方法是，在每节课或者多节课中，至少和班里的每个学生交谈一次，这样做意味着为每个学生提供量身定制的口头反馈，帮助他们努力学习并取得最大进步。

实现目标

我们之前提到过学生通过反馈来实现目标的重要性。如果不给学生充足的时间，反馈就无法达到预期的效果，即帮助学生进步。

对于课堂上的口头反馈，执行的机会通常会自然而然地出现——学生们可以在你讲完之后马上去完成。然而，对于书面反馈，你需要在教学中安排好实施的时间。下面五个例子可以说明如何做到这一点：

目标追踪表。把一张纸放在学生的书桌上面，让他们在上面写下自己的目标。在授课或相关教学活动开始时，要求学生回顾纸上的内容，提醒自己当前的目标是什么，同时他们应该努力将其付诸实践。

开始实施。授课伊始，把你批改打分的作业交还给学生，让他们阅读你的反馈，然后要求他们选择他们作业的一部分，并根据你设定的目标重新做一遍。

写目标/完成任务/反思。学生把自己的目标写在作业的顶部，在努力实现目标的同时完成作业，然后在作业的最后写一段反思，关注自己是否达到了目标。

课中复习。要求学生在刚刚开始上课的时候提醒自己要达到的目标。在授课进行到一半的时候，暂时停止授课，在中途进行复习。这应该持续3～5分钟，并且应该让学生评估他们在学习过程中为实现目标付出了多大的努力，以及他们打算在剩下的时间里做些什么。

家庭作业。给学生布置家庭作业，让他们集中精力完成自己的目标。要求学生实现目标的同时完成作业，如果行之有效，它可以帮助学生取得巨大进步。

我们即将结束最后一章。让我最后一次为你提出一系列反思性问题和反思性活动，以帮助你思考进步这一主题以及我们在本章中讨论的一些具体观点。

反思性问题

- 就你所教授的科目或者学生而言，进步的含义是什么？你认为它应该是什么样子的，你怎么知道它是否与你设想的一样？
- 如果我们做好授课计划并且教学也很成功，坚持定期打分并提供相关的反馈，那么学生会取得进步吗？为什么？
- 我是不是太过追求取得进步了呢？教师还有其他应该达到的目标吗？优先在某一方面取得进步是一种机械看待工作的方式吗？
- 在你学习生涯中，你曾收到过什么样的反馈？什么时候有用，什么时候没用？你能从中学到什么？
- 是否可能从学生那里得到你想要的关于他们学习的信息？为什么？

反思性活动

- 从培训学校找一位实习教师，给彼此一个主题，然后设计一个对方可以使用的评估活动。虽然这样做并不容易，你可能也不会有很大收获，但我们的目的是帮助你批判性地思考评估活动的内容，思考如果给予学生机会展示自己取得的进步的话，你需要关注或者考虑什么？
- 当你观摩其他教师授课的时候，看看学生的课本和练习册，要特别留意教师给予的评分。思考一下，教师为什么给予这样的反馈，这些反馈在多大程度上可以帮助学生取得进步。然后告诉学生分数，并且询问他们实现设定的目标是否容易。
- 列出你的研究对象或学生共同的优点和目标，然后告诉学生这些信息（因为，它们是成功的标准），并且采用这些标准进行评分。

结 论

INTRODUCTION

课堂是教师最重要的阵地

好了，以上就是如何成为一名优秀的实习教师的全部内容，我希望对你有所帮助。我希望本书给你提供的很多实用的想法，你可以将它们应用在课堂教学中。我希望它能够帮助你思考教学到底需要做些什么，以及在现代教育体系中成为一名优秀的教师意味着什么。

我不想再次重复书中所说的一切，我想借此机会把你的思想引向一个稍微不同的方向。事实上，这是一个实际的问题。

在现代社会中，劳动按照群体进行了分工，教育系统的分工就是给孩子和年轻人在一个受过训练的专业人士（即教师）的指导下获得思想和信息的机会，教师通过设计教学内容来完成这项任务。

当然，这是我们大家都熟悉的。

但我们往往忘记了只有在课堂上，我们才有机会影响我们的学生。

这一真理常常被遗忘，由此产生的后果往往被忽视。

如果我们承认我们对学生影响力最大（也许是唯一最大）的时刻就是在课堂上，那么我们就应该把精力放在这里，以使得我们的影响力发挥最大的作用。

因此，如果你在课下因为过度的计划和批改作业而疲惫不堪，那么你将无法有效利用你最重要的时间，即你的课堂教学时间。

大多数教师都理解这一点，但许多教师并不会因此就调整自己不良的工作方式。因此，职业倦怠是教师经常遇到的问题，教师们进入教室时，由于花了太多的时间备课，或者计划一节完美无缺的课，这让他们感到疲惫不堪。

这种行为是出于好意，但这也会弄巧成拙。要想在课堂上一直表现优异，你需要在每次学生进门时都有足够的精力。这意味着你需要照顾好自己，你需要休息、放松、好好睡觉。你需要合理饮食，在适当的时间下班，不要每天晚上和周末都在备课或者制订教学计划。

不要说有时你别无选择，但也会有很多时候你可以选择。这个选择需要通过一个问题来做出：什么对我的学生最有益？这是我花了3个小时准备的完美课程吗？这本书非得被写满注释才可以吗？如果我充满活力，积极与学生互动，在课堂上发挥我最大的能力，这样是否会更好呢？

正确答案永远是后者。在你的实习过程中牢记这一点，在你的职业生涯中也要牢记这一点：你对学生产生最大影响力的时刻是在你的课堂上，所以请为这段时间节省你的精力。

计划好你的课程，但不要过度计划。不要追求完美，完美是不存在的。树立远大的目标，然后在授课过程中发挥你的能量，将教学质量提升到一个更高的标准。

在书上做注解，给出反馈意见，但要注意不要在书上标注过满，也不要给出太多的反馈。想想如何使得自己的工作既有效又高效，标注出所有学生需要一次性完成的重要学习任务。对学生们需要提高的目标，提供清晰、准确的反馈。当他们成功地做到这一点时，再给他们下一个目标，以此类推。

再说一次，请记住，最有效地利用你的精力的时刻就是在你的课堂上，与你的学生一起工作，所以不要在课外把这些精力都消耗殆尽。

为了更好地理解这一点，对比一下当你正在上课却备感疲劳，与你正在充满活力地教学这两种情景，差别是显而易见的。你的授课内容是否有效，你是否能够准确地做出决定，你是否能够关注学生们取得的进步，如果你疲劳不堪，上述几点你都无法做好。

因为这是一条向下滑动的曲线，你越累，你的能力就下降得越厉害。

所以，当你在实习过程中，当你在追求教育事业的成功时，当你变得杰出时，一定要提醒自己，教室才是魔法发生的地方，为了发挥最大魔力，你需要为此尽可能地保持你的精力。

课程到此结束！

"常青藤"书系—中青文教师用书总目录

	书名	书号	定价
	特别推荐——从优秀到卓越系列		
★	从优秀教师到卓越教师：极具影响力的日常教学策略（入选浙江省教师节用书）	9787515312378	33.80
★	从优秀教学到卓越教学：让学生专注学习的最实用教学指南	9787515324227	39.90
★	从优秀学校到卓越学校：他们的校长在哪些方面做得更好	9787515325637	33.80
★	卓越课堂管理（中国教育新闻网2015年度"影响教师的100本书"）	9787515331362	68.00
	名师新经典/教育名著		
★	马文·柯林斯的教育之道：通往卓越教育的路径（两度拒任美国教育部长的当代传奇教师。朱永新倾情作序，李希贵、哈佛大学幸福课沙哈尔、斯坦福大学德韦克教授力荐）	9787515355122	49.80
	如何当好一名学校中层：快速提升中层能力、成就优秀学校的31个高效策略	9787515346519	29.00
	像冠军一样教学：引领学生走向卓越的62个教学诀窍	9787515343488	49.00
	像冠军一样教学2：引领教师掌握62个教学诀窍的实操手册与教学资源	9787515352022	68.00
★	如何成为高效能教师（美国最畅销教师用书，销量超过350万册，教师培训第一书）	9787515301747	89.00
★	给教师的101条建议（第三版）（《中国教育报》"最佳图书"奖）	9787515342665	33.00
★	改善学生课堂表现的50个方法（入选《中国教育报》"影响教师的100本书"）	9787500693536	33.00
	改善学生课堂表现的50个方法操作指南：小技巧获得大改变	9787515334783	29.00
★	优秀教师一定要知道的17件事（美国当前最有影响教育畅销书作者全新力作）	9787515342726	23.00
	美国中小学世界历史读本／世界地理读本／艺术史读本	9787515317397等	106.00
	美国语文读本1-6	9787515314624等	252.70
	和优秀教师一起读苏霍姆林斯基	9787500698401	27.00
	快速破解60个日常教学难题	9787515339320	33.00
★	美国最好的中学是怎样的——让孩子成为学习高手的乐园	9787515344713	28.00
	建立以学习共同体为导向的师生关系：让教育的复杂问题变得简单	9787515353449	33.80
	教师成长/专业素养		
	从实习教师到优秀教师	9787515358673	39.90
	像领袖一样教学：改变学生命运，使学生变得更好（中国教育新闻网2015年度"影响教师的100本书"）	9787515355375	49.00
	你的第一年：新教师如何生存和发展	9787515351599	33.80
	教师精力管理：让教师高效教学，学生自主学习	9787515349169	28.00
	如何使学生成为优秀的思考者和学习者：哈佛大学教育学院课堂思考解决方案	9787515348155	39.80
	反思性教学：一个已被证明能让所有教师做到最好的培训项目（30周年纪念版）	9787515347837	49.00
★	凭什么让学生服你：极具影响力的日常教育策略（中国教育新闻网2017年度"影响教师的100本书"）	9787515347554	28.00
	运用积极心理学提高学生成绩（中国教育新闻网2017年度"影响教师的100本书"）	9787515345680	39.80

书名	书号	定价
可见的学习与思维教学：让教学对学生可见，让学习对教师可见（中国教育报2017年度“教师最喜爱的100本书”）	9787515345000	29.80
可见的学习与思维教学：成长型思维教学的54个教学资源：教学资源版	9787515354743	36.00
教学是一段旅程：成长为卓越教师你一定要知道的事	9787515344478	39.00
安奈特・布鲁肖写给教师的101首诗	9787515340982	35.00
万人迷老师养成宝典学习指南	9787515340784	28.00
中小学教师职业道德培训手册：师德的定义、养成与评估	9787515340777	32.00
成为顶尖教师的10项修炼（中国教育新闻网2015年度“影响教师的100本书”）	9787515334066	35.00
T. E. T. 教师效能训练：一个已被证明能让所有年龄学生做到最好的培训项目（30周年纪念版）（中国教育新闻网2015年度“影响教师的100本书”）	9787515332284	39.00
教学需要打破常规：全世界最受欢迎的创意教学法（中国教育新闻网2015年度“影响教师的100本书”）	9787515331591	33.00
10天卓越教师自我培训（教育家安奈特・布鲁肖顶尖卓越教师培训教材）	9787515329925	29.00
给幼儿教师的100个创意：幼儿园班级设计与管理 / 为幼升小做准备	9787515330310等	58.00
给小学教师的100个创意：发展思维能力	9787515327402	29.00
给中学教师的100个创意： 如何激发学生的天赋和特长 / 杰出的教学 / 快速改善学生课堂表现	9787515330723等	87.90
以学生为中心的翻转教学11法	9787515328386	29.00
如何使教师保持职业激情	9787515305868	29.00
如何培训高效能教师：来自全美权威教师培训项目的建议	9787515324685	32.00
良好教学效果的12试金石：每天都需要专注的事情清单	9787515326283	29.90
让每个学生主动参与学习的37个技巧	9787515320526	28.00
给教师的40堂培训课：教师学习与发展的最佳实操手册	9787515352787	39.90
提高学生学习效率的9种教学方法	9787515310954	27.80
优秀教师的课堂艺术：唤醒快乐积极的教学技能手册	9787515342719	26.00
万人迷老师养成宝典（第2版）（入选《中国教育报》“2010年影响教师的100本书”）	9787515342702	29.00
高效能教师的9个习惯	9787500699316	23.00
好老师可以避免的20个课堂错误（入选《中国教育报》“2010年影响教师的100本书”）	9787500688785	21.50
课堂教学/课堂管理		
如何在课堂上实现卓越的教与学	9787515358321	49.00
基于学习风格的差异化教学	9787515358437	39.90
如何在课堂上提问：好问题胜过好答案	9787515358253	39.00
高度参与的课堂：提高学生专注力的沉浸式教学	9787515357522	39.90
让学习变得有趣	9787515357782	39.00
如何利用学校网络进行项目式学习和个性化学习	9787515357591	39.90

书名	书号	定价
基于问题导向的互动式、启发式与探究式课堂教学法	9787515356792	49.00
如何在课堂中使用讨论：引导学生讨论式学习的60种课堂活动	9787515357027	38.00
如何在课堂中使用差异化教学	9787515357010	39.90
如何在课堂中培养成长型思维	9787515356754	39.90
每一位教师都是领导者：重新定义教学领导力	9787515356518	39.90
教室里的1-2-3魔法教学：美国广泛使用的从学前到八年级的有效课堂纪律管理	9787515355986	39.90
如何在课堂中使用布卢姆教育目标分类法	9787515355658	39.00
如何在课堂上使用学习评估	9787515355597	39.00
7天建立行之有效的课堂管理系统：以学生为中心的分层式正面管教	9787515355269	29.90
积极课堂：如何更好地解决课堂纪律与学生的冲突	9787515354590	38.00
设计智慧课堂：培养学生一生受用的学习习惯与思维方式	9787515352770	39.00
追求学习结果的88个经典教学设计：轻松打造学生积极参与的互动课堂	9787515353524	39.00
从备课开始的100个课堂活动设计：创造积极课堂环境和学习乐趣的教师工具包	9787515353432	33.80
老师怎么教，学生才能记得住	9787515353067	48.00
多维互动式课堂管理：50个行之有效的方法助你事半功倍	9787515353395	39.80
智能课堂设计清单：帮助教师建立一套规范程序和做事方法	9787515352985	49.90
提升学生小组合作学习的56个策略：让学生变得专注、自信、会学习	9787515352954	29.90
快速处理学生行为问题的52个方法：让学生变得自律、专注、爱学习	9787515352428	39.00
王牌教学法：罗恩·克拉克学校的创意课堂	9787515352145	39.80
让学生快速融入课堂的88个趣味游戏：让上课变得新颖、紧凑、有成效	9787515351889	39.00
★ 如何调动与激励学生：唤醒每个内在学习者（李希贵校长推荐全校教师研读）	9787515350448	39.80
合作学习技能35课：培养学生的协作能力和未来竞争力	9787515340524	45.00
基于课程标准的STEM教学设计：有趣有料有效的STEM跨学科培养教学方案	9787515349879	68.00
如何设计教学细节：好课堂是设计出来的	9787515349152	39.00
15秒课堂管理法：让上课变得有料、有趣、有秩序	9787515348490	33.80
混合式教学：技术工具辅助教学实操手册	9787515347073	39.80
从备课开始的50个创意教学法	9787515346618	29.00
中学生实现成绩突破的40个引导方法	9787515345192	33.00
给小学教师的100个简单的科学实验创意	9787515342481	39.00
老师如何提问，学生才会思考	9787515341217	33.80
教师如何提高学生小组合作学习效率	9787515340340	29.00
卓越教师的200条教学策略	9787515340401	35.00
中小学生执行力训练手册：教出高效、专注、有自信的学生	9787515335384	33.80
从课堂开始的创客教育：培养每一位学生的创造能力	9787515342047	33.00

书名	书号	定价
提高学生学习专注力的8个方法：打造深度学习课堂	9787515333557	35.00
改善学生学习态度的58个建议	9787515324067	25.00
全脑教学（中国教育新闻网2015年度“影响教师的100本书”）	9787515323169	38.00
全脑教学与成长型思维教学：提高学生学习力的92个课堂游戏	9787515349466	39.00
哈佛大学教育学院思维训练课	9787515325101	36.00
完美结束一堂课的35个好创意	9787515325163	28.00
如何更好地教学：优秀教师一定要知道的事（被英国教育界奉为圣经的教学用书）	9787515324609	36.00
带着目的教与学	9787515323978	28.00
美国中小学生社会技能课程与活动（学前阶段/1-3年级/4-6年级/7-12年级）	9787515322537等	153.80
彻底走出教学误区：开启轻松智能课堂管理的45个方法	9787515322285	28.00
破解问题学生的行为密码：如何教好焦虑、逆反、孤僻、暴躁、早熟的学生	9787515322292	36.00
13个教学难题解决手册	9787515320502	28.00
让学生爱上学习的165个课堂游戏	9787515319032	39.00
美国学生游戏与素质训练手册：培养孩子合作、自尊、沟通、情商的103种教育游戏	9787515325156	36.00
老师怎么说，学生才会听	9787515312057	28.00
快乐教学：如何让学生积极与你互动（入选《中国教育报》“影响教师的100本书”）	9787500696087	29.00
老师怎么教，学生才会提问	9787515317410	29.00
快速改善课堂纪律的75个方法	9787515313665	28.00
教学可以很简单：高效能教师轻松教学7法	9787515314457	39.00
好老师应对课堂挑战的25个方法（《给教师的101条建议》作者新书）	9787500699378	25.00
好老师激励后进生的21个课堂技巧	9787515311838	23.80
开始和结束一堂课的50个好创意	9787515312071	29.80
好老师因材施教的12个方法（美国著名教师伊莉莎白“好老师”三部曲）	9787500694847	22.00
如何打造高效能课堂（美国《学习》杂志“教师必选”奖，“激励教师组织”推荐书目）	9787500680666	29.00
合理有据的教师评价：课堂评估衡量学生进步	9787515330815	29.00
班主任工作/德育		
北京四中8班的教育奇迹	9787515321608	36.00
师德教育培训手册	9787515326627	29.80
中小学教师职业道德培训手册：师德的定义、养成与评估	9787515340777	32.00
好老师征服后进生的14堂课（美国著名教师伊莉莎白“好老师”三部曲）	9787500693819	25.00
优秀班主任的50条建议：师德教育感动读本（《中国教育报》专题推荐）	9787515305752	23.00
学校管理/校长领导力		
重新设计一所好学校：简单、合理、多样化地解构和重塑现有学习空间和学校环境	9787515356129	49.00
让樱花绽放英华	9787515355603	79.00

	书名	书号	定价
	学校管理者平衡时间和精力的21个方法	9787515349886	29.90
	校长引导中层和教师思考的50个问题	9787515349176	29.00
	如何定义、评估和改变学校文化	9787515340371	29.80
	优秀校长一定要做的18件事（入选《中国教育报》“2009年影响教师的100本书”）	9787515342733	26.00
	学科教学/教科研		
	美国学生写作技能训练	9787515355979	39.90
	《道德经》妙解、导读与分享（诵读版）	9787515351407	49.00
	京沪穗江浙名校名师联手教你：如何写好中考作文	9787515356570	49.90
	京沪穗江浙名校名师联手授课：如何写好高考作文	9787515356686	49.80
★	人大附中中考作文取胜之道	9787515345567	39.80
★	人大附中高考作文取胜之道	9787515320694	33.80
★	人大附中学生这样学语文：走近经典名著	9787515328959	33.80
	四界语文（中国教育报2017年度“教师喜爱的100本书”）	9787515348483	49.00
	让小学一年级孩子爱上阅读的40个方法	9787515307589	39.90
	让学生爱上数学的48个游戏	9787515326207	26.00
	轻松100 课教会孩子阅读英文	9787515338781	88.00
	情商教育/心理咨询		
	9节课，教你读懂孩子：妙解亲子教育、青春期教育、隔代教育难题	9787515351056	39.80
★	学生版盖洛普优势识别器（独一无二的优势测量工具）	9787515350387	169.00
	与孩子好好说话（获“美国国家育儿出版物（NAPPA）金奖”，沟通圣经）	9787515350370	39.80
	中小学心理教师的10项修炼	9787515309347	36.00
★	别和青春期的孩子较劲（增订版）（入选《中国教育报》“2009年影响教师的100本书”）	9787515343075	28.00
★	100条让孩子胜出的社交规则	9787515327648	28.00
	守护孩子安全一定要知道的17个方法	9787515326405	32.00
	幼儿园/学前教育		
	美国儿童自然拼读启蒙课：至关重要的早期阅读训练系统	9787515351933	49.80
	幼儿园30个大主题活动精选：让工作更轻松的整合技巧	9787515339627	39.80
★	美国幼儿教育活动大百科：3-6岁儿童学习与发展指南用书 科学 / 艺术 / 健康与语言 / 社会	9787515324265等	600.00
	蒙台梭利早期教育法：3-6岁儿童发展指南（理论版）	9787515322544	29.80
	蒙台梭利儿童教育手册：3-6岁儿童发展指南（实践版）	9787515307664	25.00
★	自由地学习：华德福的幼儿园教育	9787515328300	29.90
	赞美你：奥巴马给女儿的信	9787515303222	19.90
	史上最接地气的幼儿书单	9787515329185	39.80

书名	书号	定价
教育主张/教育视野		
培养改变世界的学习者：美国最好的教育给我们的启示	9787515356877	39.90
教出阅读力	9787515352800	39.90
为学生赋能：当学生自己掌控学习时，会发生什么	9787515352848	33.00
如何用设计思维创意教学：风靡全球的创造力培养方法	9787515352367	39.80
如何发现孩子：实践蒙台梭利解放天性的趣味游戏	9787515325750	32.00
如何学习：用更短的时间达到更佳效果和更好成绩	9787515349084	49.00
教师和家长共同培养卓越学生的10个策略	9787515331355	27.00
如何阅读：一个已被证实的低投入高回报的学习方法	9787515346847	39.00
芬兰教育全球第一的秘密（珍藏版）（《中国教育报》等主流媒体专题推荐）	9787515342610	28.00
世界最好的教育给父母和教师的45堂必修课（《芬兰教育全球第一的秘密》2）	9787515342696	28.00
杰出青少年的7个习惯（精英版）（中小学图书馆推荐书目、中国青少年必读书目）	9787515342672	39.00
杰出青少年的7个习惯（成长版）	9787515335155	29.00
杰出青少年的6个决定（领袖版）（中小学图书馆推荐书目、中国青少年必读书目、全国优秀出版物奖）	9787515342658	28.00
7个习惯教出优秀学生（第2版）（全球第一畅销书《高效能人士的七个习惯》教师版）	9787515342573	29.00
学习的科学：如何学习得更好更快（入选中国教育网2016年度“影响教师的100本书”）	9787515341767	39.80
杰出青少年构建内心世界的5个坐标（中国青少年成长公开课）	9787515314952	59.00
跳出教育的盒子（第2版）（美国中小学教学经典畅销书）	9787515344676	35.00
夏烈教授给高中生的19场讲座（入选《中国教育报》“2013年最受教师欢迎的100本书”）	9787515318813	29.90
学习之道：美国公认经典学习书	9787515342641	39.00
翻转学习：如何更好地实践翻转课堂与慕课教学（中国教育新闻网2015年度“影响教师的100本书”）	9787515334837	32.00
翻转课堂与慕课教学：一场正在到来的教育变革	9787515328232	26.00
翻转课堂与混合式教学：互联网+时代，教育变革的最佳解决方案	9787515349022	29.80
翻转课堂与深度学习：人工智能时代，以学生为中心的智慧教学	9787515351582	29.80
奇迹学校：震撼美国教育界的教学传奇（中国教育新闻网2015年度“影响教师的100本书”）	9787515327044	36.00
学校是一段旅程：华德福教师1-8年级教学手记	9787515327945	32.00
高效能人士的七个习惯（30周年纪念版）（全球畅销书）	9787515350585	79.00

您可以通过如下途径购买：

1. 书　　店：各地新华书店、教育书店。
2. 网上书店：当当网（www.dangdang.com）、亚马逊中国网（www.amazon.cn）、天猫（zqwts.tmall.com）京东网（www.360buy.com）。
3. 团　　购：各地教育部门、学校、教师培训机构、图书馆团购，可享受特别优惠。

购书热线：010-65511270 / 65516873